KB042860

일과 인생

ADLER NI MANABU YOKU IKIRU TAME NI HATARAKU TO IU KOTO
by KISHIMI Ichiro
Copyright © 2016 KISHIMI Ichiro
All rights reserved.
Originally published in Japan by KK BESTSELLERS, INC., Tokyo.
Korean translation rights arranged with KK BESTSELLERS, INC.,
Japan through The Sakai Agency Inc and Shinwon Agency.
Korean translation copyright © 2023 by Eulyoo Publishing.

기시미 이치로 지음
전경아 옮김

일과 인생

옮긴이 전경아

중앙대학교를 졸업하고 일본 요코하마 외국어학원 일본어학과를 수료했다. 현재 번역 에이전시 엔터스코리아 출판 기획 및 일본어 전문 번역가로 활동하고 있다.

주요 역서로는『미움받을 용기』(1, 2),『마음에 구멍이 뚫릴 때』,『이 얘기 계속해도 될까요?』,『유리멘탈을 위한 심리책』,『마흔에게』,『지속가능형 인간』,『역사 문화 인문지식이 업그레이드되는 유쾌한 성경책』,『지도로 보는 세계민족의 역사』,『굿바이, 나른함』,『간단 명쾌한 발달심리학』,『비기너 심리학』,『새콤달콤 심리학』,『세계장편문학』,『미스터리 세계사』,『아무 것도 하지 않으면 아무 일도 일어나지 않는다』 등 다수가 있다.

일과 인생

발행일

2017년   2월 25일   초판 1쇄
2023년   10월 20일   2판 1쇄

지은이 | 기시미 이치로
옮긴이 | 전경아
펴낸이 | 정무영, 정상준
펴낸곳 | (주)을유문화사

창립일 | 1945년 12월 1일
주소 | 서울시 마포구 서교동 469-48
전화 | 02-733-8153
팩스 | 02-732-9154
홈페이지 | www.eulyoo.co.kr
ISBN 978-89-324-7498-4 03190

머리말

대학원 시절, 고등학교 때 담임선생님(종교 담당)의 권유로 잠시 신란親鸞* 연구회에 참가한 적이 있다. 아직 아이가 태어나기 전이어서 아내도 함께 참가했다.

대체 어떤 문맥에서 그런 이야기가 나왔는지는 기억나지 않지만 어느 날 담임선생님은 자신이 가르침을 따랐던 어느 고명한 불교 학자의 이름을 들며 내게 말씀하셨다.

"신란 선생이 훌륭한 이유는 평생 어디에도 취직하지 않았

• 일본 가마쿠라 시대(1180년대~1333년)의 불교 승려로, 악인이야말로 아미타불이 구제하려는 대상이라는 악인정기설을 주장하며 정토진종이라는 종파를 창시했다. 한곳에 머무르지 않고 자유로운 마음을 갖고 사는 것을 '여여한 본성'이라고 강조했다.

기 때문이다. 너도 훌륭한 사람이 되려무나."

당시에는 '신란은 평생 낭인浪人이었다고 들었는데, 낭인이란 진학과 취직을 하지 못하다가 재기를 노리고 준비하는 사람을 의미하니, 그리 훌륭하다고는 할 수 없지 않을까?' 라고 생각했던 것으로 기억한다. 그때까지 나도 몇 번이나 낭인으로 살며 번번이 지금은 본래 살아야 할 인생을 살고 있지 않다고 생각했었기 때문이다.

선생님의 갑작스러운 이야기에 어디에도 취직하지 않은 무위무관無位無官의 삶이 있다는 사실을 알고 놀랐으나, 선생님의 이 말은 이후 내 인생을 예언했다고 할 수 있다.

당시 대학에서 일자리를 구하는 것은 하늘의 별 따기만큼이나 어려웠다. 하지만 달리 할 수 있는 일이 없어 막연히 언젠가는 어느 대학에서 근무하게 되리라 생각하고 있었다. 취직하기힘든 철학 전공자인 내 인생을 선생님이 예언하는 것은 결코 어렵지 않았으리라. 물론 같은 대학원에서 지도 교수의 강의를 들었던 우수한 동기들은 훗날 대학에서 학생들을 가르치게 되었으니, 철학을 전공해서 취직하지 못했다는 것은 변명밖에 안 되지만.

그러던 중 대학 재학 중에 어머니를 잃은 것이 계기가 되었다. 어머니가 의식을 잃고 누워 있는 병상에서, 나는 산다는 것의 의미에 대해 생각하고 또 생각했다. 늘 철학 문헌을 읽었지만 병상에서 할 수 있는 일은 제한되어 있었다. 책을 읽기도 했으나 오로지 스스로 생각하고 그것을 노트에 적으며 시간을 보냈다. 반년간 휴학한 뒤 대학에 돌아왔을 때는 이미 이전의 내가 아니었다.

대학원을 마치자 몇 군데 대학에서 비상근 강사직을 제안했다. 고대 그리스어를 가르치는 비상근 강사로서 일주일에 한 번 나라여자대학에 다닐 때, 나는 오스트리아의 정신과 의사 알프레드 아들러가 창시한 개인심리학을 알게 되었고, 카운슬러 자격증까지 땄다.

아무 일도 없었다면 평생 그리스어 강사로만 일했겠지만, 대학에서 가르치는 김에 병원에서도 카운슬러로 근무했다. 그전이었다면 상상도 하지 못할 일이었다. 이 시절의 나를 모르는 사람은 내가 일하는 것에 관한 책을 쓴다고 하면 의아할 수도 있을 것이다. 그러나 병원에서 일한 3년은 일하는 것이 무엇인지 배우기에 충분한 시간이었다.

삼십 대에는 아침저녁으로 어린이집에 두 아이를 맡기고 데려오느라 바빠, 딸아이가 초등학교에 들어가고 나서야 병원에서 일하기 시작했다. 3년 후 일을 그만두고 얼마간 시간이 지났을 때, 문득 딸아이가 한마디 툭 내뱉었다.

"아빠, 그때 어디 갔었어?"

나는 한 대 얻어맞은 기분이었다.

딸이 보기에 나는 자기가 자는 이른 아침에 직장에 나갔다

밤늦게 자기가 잠든 뒤에야 집에 왔기에 없는 존재不在나 마찬가지였던 것이다. 딸이 툭 내뱉은 그 말을 듣고, 나는 일하는 의미에 대해 다시 생각해 보지 않을 수 없었다.

이 책에서는 일한다는 것에 대해 살펴볼 것이다. 먼저 1장에서는 인간은 무엇을 위해 일하는지 생각해 보고, 2장에서는 백세 시대에 퇴직한 뒤 일하지 못하게 되었을 때의 일까지 생각하지 않으면 안 되는 요즘 시대에 일한다는 것의 의미를 생각해 볼 것이다. 그리고 3장에서는 직장에서의 인간관계에 대해 살펴보려 한다. 상사, 부하 직원 각각의 입장에서 상대가 하는 말이나 행동의 목적이 뭔지 볼 수 있으면 직장에서의 인간관계도 크게 개선될 것이다. 마지막 4장에서는 행복해지기 위해서는 어떻게 일하는 게 좋을지 생각해 볼 것이다.

어떤 장이든 일한다는 의미를, 직장에서 일하는 좁은 의미가 아니라 활동, 나아가서는 산다는 것과 같은 확장된 의미로 고찰해 보려 한다.

차례

제2장

당신의 가치는 '생산성'에 있지 않다

제3장

직장 내 인간관계 개선을 위하여

제4장

행복하게 살려면 어떻게 일해야 할까?

제1장

우리는 왜 일하는 걸까?

제1장에서는 인간은 왜 일하는지에 관해 생각해 볼 것이다. 일상생활에서는 어떤 문제를 진지하게 생각하는 일이 드물지만, 산다는 것을 일하는 것과 떼어서 생각할 수 없는 한, 한 번은 생각해 볼 필요가 있다.

일하는 것을 당연하게 여기지만

만약 아무 일도 하지 않고 필요한 것을 전부 손에 넣을 수 있다면 일하지 않아도 될 것이다. 그런 경우엔 태만이 덕이며 근면이 악덕이 된다. 하지만 실제로는 아무 일도 하지 않으면 필요한 것을 얻지 못하므로 일하지 않으면 안 된다. 일을 해야 하는 경우에는 근면이 덕이고 태만은 악덕이 된다.

분명한 것은 일하지 않으면 필요한 것을 얻을 수 없고, 그러면 살아갈 수도 없다. 일하느냐 일하지 않느냐 하는 선택지는 처음부터 없는 것이다. 살기 위해서는 일하지 않으면 안 된다.

그래서 병들거나 다쳐서 입원해 일하지 못하게 되면 하루라도 빨리 퇴원하려 한다. 병이나 사고로 수입이 줄었을 때를 대비해 보험을 드는 사람도 있다. 연금 문제에 관심이 큰 것도 같은 이유다.

이처럼 인간은 일하지 않으면 살아갈 수 없다. 일하는 것은 인간 본래의 모습이라 할 수 있다. 공부하는 이유도 나중에 사회에 나가 일하기 위해서다. 따라서 학교를 졸업한 후 일하지 않는 선택지는 없다. 일하느냐 일하지 않느냐는 선택지가 처음부터 없다는 말은 '사실상' 선택지가 없다는 뜻이다. 누구나 일한다는 것이 전제된다.

일할 수 없는 사람

그렇다면 스스로의 선택이 아닌, 병들거나 고령이라서 일하지 못하는 사람은 어떻게 생각하면 좋을까? 이런 사람은 일하지 못해서 살아가는 데 필요한 것을 얻을 수 없으니 살면 안 될까? 물론 그렇지 않다.

'일하는 것'에 관해 생각할 때 자신을 논외로 하는 사람은, 일할 수 없는 사람은 살아서는 안 된다고 말한다. 심지어 의식을 잃고 누워 있는 사람을 두고 연명 장치를 하지 않아도 된다고 함부로 말하는 사람이 있다. 그러나 자기 자신이 늙거나 병들어서 일하지 못하게 되었을 때도 이와 같이 살아서는 안 된다고 말할 수 있을지 의문이다.

지금은 젊고 건강해서 일할 수 있는 사람도 갓난아기였을 때는 부모의 전폭적인 보살핌이 필요했을 것이다. 그렇다고 해서 갓난아기는 살면 안 된다고 생각하는 사람은 없다.

갓난아기는 일하지 못하지만 언젠가는 일할 수 있게 되니까 지금은 일하지 않지만 살아도 되는 걸까? 병에 걸려 일시적으로는 일하지 못하지만 회복한 뒤 다시 일할 수 있다면, 지금은 일하지 않아도 용납되는 걸까?

그렇다면 회복 전망이 밝지 않은 중병 환자는 살면 안 되는 걸까? 물론 그렇지 않다.

일하기 위해 사는 걸까, 살기 위해 일하는 걸까?

만약 인간이 일하지 않고는 살 수 없다면, 첫머리에서 본 것처럼 근면이 미덕이 된다. 그러면 살기 위해 일하는 것을 넘어 필요 이상으로 일하는 일중독workaholic에 빠진 사람이 도리어 바람직한 삶을 사는 것이다.

스스로 원해서 그런 삶을 산다면, 자신의 의사에 따른 것이기 때문에 다른 사람이 비판할 수 없다. 하지만 자신의 의사가 아니라 어쩔 수 없이 가혹한 노동 환경에서 일할 수밖에 없는 상황이라면 이야기는 달라진다.

여기서는 자기 스스로 일중독에 빠진 삶을 선택한 사람을 염두에 두고 설명하려 한다. 반드시 일을 해야 하지만, 일이 생활의 전부처럼 보이는 사람이 있다면 인간은 일하기 위해서 사는 존재가 아니라 살아가기 위해서 일하는 존재라고 말하고 싶다.

일하는 것이 사는 보람이라고 하면 듣기에는 좋지만, 인간다운 삶을 희생하면서까지 일하는 것은 옳지 않다고 생각하는 사람이 많을 것이다.

잘 살아가기 위해 일한다

인간은 '살기 위해 일한다'고 할 때, '산다'는 '생존한다'는 의미가 아니다. 고대 그리스의 철학자 플라톤은 『크리톤Kriton』•에서

• 플라톤이 쓴 짧지만 중요한 대화편으로, 플라톤의 대화편 중 초기 작품에 해당한다. 소크라테스와 크리톤이 주고받은 대화의 형식으로 정의와 법 등에 관한 논변이 담겨 있다.

"중요한 것은, 그저 사는 것이 아니라 잘 사는 것이다."라고 소크라테스를 내세워 말했다.

이 대화편에서는 '잘'이라는 의미가 분명하게 정의되지 않았는데, '올바르게' 혹은 '아름답게'라는 말로 바꿀 수 있다. 의미야 어떻든 여기에서 말하는 것은 그저 사는 데 급급해 하지 말고 마땅히 살아야 할 삶을 지향해야 한다는 뜻이다.

소크라테스의 말을 인용할 것도 없이, 생활이 힘들면 만족스러운 삶을 살기 어렵다.

인간은 잘 살아가기를 바라며, 그저 생존하기 위해서가 아니라 잘 살기 위해서 일한다. 그것이 '살기 위해 일한다'는 말의 진정한 의미다. 생존을 위해서만 일하는 것이 아니라 잘 살아가는 것을 목적으로 살기를 원한다. 그러기 위해서는 어떻게 하면 좋을까? 나아가 어떻게 하면 사는 기쁨을 느낄 수 있을까? 일한다는 것은 사는 기쁨과 어떤 관계가 있을까? 생각해야 할 문제는 끝도 없다.

인생의 과제

아들러는 인생에 '일의 과제', '교우의 과제', '사랑의 과제'라는 세 가지 '인생 과제'가 있다고 말했다. 어느 과제도 그것 하나만을 독립적으로 해결할 수 없으며, 각각의 과제를 해결하기 위해서는 다른 두 가지 과제도 해결해야 한다는 것이 전제된다.

자원, 기후, 풍토 등 조건이 한정된 이 지구에서 살아가려면, 인간은 일을 해야 한다. 아들러는 "지구로부터 생활을 쟁취한다."라고 말했다(『삶의 의미란 무엇인가 What life should mean to you』).[*]

인간은 이 지구에서 혼자 살아갈 수 없다. 타자에게 관심을 갖고 그 타자와 협력하지 않으면 안 된다. 이런 타자와의 관계를 아들러는 '교우의 과제'라고 했다.

분업에 필요한 노력

'일의 과제'를 해결하는 최선의 방법은 이 '교우의 과제'를 해결하는 것이다. 혼자서는 '생활을 쟁취하는' 것이 불가능하므로 '분업'이 필요해진다. 분업을 하게 된 것은 인류가 협력을 배웠기 때문이다. 그리고 협력은 '교우의 과제'에 해당한다.

분업이란 좁은 의미에서 보면 저마다 잘하는 능력을 살려 일을 분담한다는 뜻이다. 협력을 이런 의미로 한정하면 '교우의 과제'는 친구와 사귄다는 의미가 아니다. 어떤 프로젝트를 수행하기 위해 팀을 이룬 사람들은 그렇게 친하지 않아도 함께 일한

---

[*] 국내에서는 『A. 아들러 심리학 해설』, 『심리학이란 무엇인가』, 『다시 일어서는 용기』 등의 제목으로 번역 출간됐다.

다. 그뿐인가? 싫어하는 사람과도 한 팀을 이루어 일해야 한다. '분업'이 작업을 분담한다는 의미라고 한다면, 싫든 좋든 누구와도 일할 수 있어야 한다.

이 사람과 함께 일하고 싶은가

하지만 일을 더 평범한 의미에서 '교우의 과제'라고 할 때는 이 사람과 함께 일하고 싶은지가 중요하다.

　나는 책 쓰는 일을 하고 있는데, 이 일을 해내기 위해서는 많은 사람의 협력이 필요하다. 특히 편집자와의 협력이 중요하다. 편집자는 편집자로서의 재능이 있어야 함은 물론, 함께 일하고 싶은 사람이어야 한다. 그렇지 않으면 쓰는 것 자체는 내 일이라 해도 완성할 때까지 기분 좋고 즐겁게 일할 수가 없다. 이때 작가와 편집자의 관계는 교우의 과제다.

　내가 하는 카운슬링 업무도 교우의 과제다. 친구가 힘들어하면 어떻게든 힘이 되고 싶어 하듯 카운슬링을 할 때도 친구로서 상담자에게 힘이 되기를 바란다.

타자에게 빌붙어 사는 사람

앞에서 병에 걸리거나 나이가 들어 일하지 못하는 사람에 대해 살펴보았다. 아들러는 그런 사정이 없는데도 일하지 않는 사람에게 어떤 문제가 있는지 설명했다.

그런 사람은 타자에게 공헌하지 않고 빌붙어 살아간다. 어떤 문제에 직면했을 때도 타자가 자신의 문제를 해결해 주기를 기대하고 그것을 당연하게 여긴다.

그런 사람은 어린 시절 타자에게 받는 것을 당연히 여기는 '응석받이'로 자란 경우가 많다. 사람들은 대부분 그런 사람을 멀리한다. 또 이어서 살펴볼 '사랑의 과제'에 대해서도 이들은 좋은 관계를 맺기 어렵다.

'사랑의 과제'를 해결하기 위해

이성과의 관계를 아들러는 '사랑의 과제'라고 불렀다. 인류가 지속될지 말지는 이성에게 다가가 성의 역할을 성취하는 데 달려 있다는 것이다. 이 '사랑의 과제'도 독립적으로는 해결할 수 없다.

사랑과 결혼의 과제를 해결하기 위해서는 "공통의 선에 공헌하는 일과 타자와의 우호적인 관계가 필요"하다(『삶의 의미란 무엇인가』).

여기서 공통의 선善에 공헌한다는 일이란 것이 무슨 의미인지는 나중에 살펴보기로 하고, 여기에서는 '사랑의 과제'를 해결하려면 일과 타자와의 우호적인 관계가 필요하다는 것에만 주목하자.

왜 다른 두 과제를 해결해야 하는가? 사랑하는 두 사람이 일도 하지 않고 다른 교우 관계를 회피하면 타자와의 관계 속에서 고립되어 버리기 때문이다.

사랑의 본질은 일한다는 것

독일의 심리학자 에리히 프롬Erich Fromm은 "사랑의 본질은 뭔가를 위해 '일하는' 것, '뭔가를 기르는' 것에 있다. 사랑과 노동은 따로 떼어서 생각하기 힘들다."라고 했다 (『사랑의 기술The Art of Loving』).

어떤 사람이 꽃을 사랑한다고 말하고는 꽃에 물 주는 것을 깜빡한다면 아무도 그 말을 믿지 않을 것이다.

사랑이란 사랑하는 자의 생명과 성장을 적극적으로 염려하는 것이다. 이 적극적인 배려가 없는 곳에 사랑은 없다. (『사랑의 기술』)

인간이 누군가를 위해 일할 때, 그것은 그 누군가를 사랑한다는 뜻이다. 반대로 누군가를 사랑할 때, 그 사람은 그 누군가를 위해서 일한다.

분업으로서의 노동

아들러는 신발 만들기를 예로 들며 신발 만들기가 "열등감을 완화한다"고 말했다. 여기서 갑자기 '열등감'이란 말을 들어도 당장은 그 의미를 이해할 수 없다. 또 열등감이 일하는 것과 무슨 관계가 있는지도 알 수 없다. 아들러는 이에 대해 다음과 같이 말했다.

> 누군가가 신발을 만들 때, 신발을 만든 그 사람은 타자에게 유용한 존재가 된다. 공공에 도움이 된다는 감각을 얻을 수 있고, 그렇게 느낄 때만이 열등감을 줄일 수 있다. (『아들러 삶의 의미 *Der Sinn des Lebens*』)

누구나 신발을 자력으로 만들 수 있는 것은 아니다. 신발 만드는 일 외에도 해야 할 일이 수두룩해서 신발 만드는 데 시간을 들일 수가 없다.

그래서 보통은 직접 신발을 만들지 않고 그 기술을 가진 사람이 만든 신발을 사서 신는다. 당연히 신발을 만드는 장인도 직접 만들지 않는 물건이 필요할 때는 그것을 만드는 기술을 가진 사람이 만든 것을 구해서 사용한다.

신발을 만드는 사람은 자신에게 필요한 신발만 만들지는 않는다. 신발을 필요로 하는 다른 사람을 위해서도 신발을 만든다. 이때 신발을 만드는 사람은 신발을 구입한 사람에게 '유용한 존재'이며, 신발을 만듦으로써 '공공에 도움이 되는 감각'을 얻을 수 있다.

열등감을 줄이는 노동

아들러는 "누군가가 신발을 만들 때, 자신은 타자에게 유용한 존재가 된다."라고 말하면서, 신발을 만드는 사람은 신발을 필요로 하는 사람에게 공급하는 것 이상의 가치를 염두에 둔다고 지적한다.

신발을 만드는 사람은 신발을 만듦으로써 '자신은 타자에게 유용한 존재가 된다'는 의미를 이해하게 된다. 그리고 신발을 만들지 않는 다른 사람에게는 자신을 위해 신발을 만들어 주는 '유용한 사람'이 된다.

신발을 만든 사람은 다른 사람을 위해 신발을 만듦으로써 '공공에 도움이 되는 감각'을 얻을 수 있다. 이 감각은 아들러가 다른 개념을 설명할 때 쓰는 '공헌감'이라는 말로 바꿀 수 있다.

이 '공헌'에 대해 아들러는 다음과 같이 설명한다.

내가 가치 있는 사람이라고 생각되는 순간은 내 행동이 공동체에 유익할 때뿐이다. (『아들러 강연Adler Speaks』)

'가치 있는 사람이라는 생각이 든다'는 말은 앞에 나온 '열등감을 줄일 수 있다'로 바꿔 말할 수 있다. 후자는 소극적인 표현이지만, '가치 있다고 느낀다'는 말을 거꾸로 하면 '나는 가치가 없다, 혹은 가치가 덜하다고 느낀다'가 된다. 이것은 한마디로 '열등감'이다.

자신이 가치 있다고 느끼면 어떻게 될까? 아들러는 다음과 같이 말한다.

나는 자신이 가치 있다고 느낄 때만 용기를 낼 수 있다. (『아들러 강연』)

인간관계 속으로 들어갈 용기

자신이 가치 있다고 느끼면 용기를 낼 수 있다. 여기서 말하는 '용기'란 인간관계 속으로 들어갈 자신감을 가리킨다.

인간관계에 들어가는 데 왜 용기가 필요할까? 다른 사람과 엮이면 어떤 형태로든 마찰을 피할 수 없기 때문이다. 상처받거나 미움받거나 배신당할지도 모른다. 고의는 아니어도 내가 타자에게 상처를 줄 수도 있다. 이런 속성을 두려워하는 사람이 인간관계 안으로 들어가기 위해서는 용기가 필요하다. 그래서 아들러는 "모든 고민은 인간관계에서 비롯된다."라고 말했다 (『삶의 과학*The Science of Living*』).

하지만 살아가는 기쁨과 행복감은 사실 인간관계 안에서만 얻을 수 있다. 인간은 혼자서는 행복해질 수 없다. 이것은 혼자 살아서는 행복해질 수 없다는 의미가 아니라, 인간은 타자와의 관계 속에서만 행복해질 수 있다는 뜻이다. 결혼하기로 결심하는 것은 이 사람과 함께라면 분명 행복해질 거라고 확신하기 때문이다.

인간관계 속으로 들어가지 않고는 행복해질 수 없다면, 어떻게든 거기에 들어갈 용기를 내야 한다. 만약 여러분 곁에 인간관계에서 도망치는 사람이 있으면 그 안에 들어갈 수 있도록 지원하기 바란다. 그러기 위해서는 자신이 가치 있다고 느껴야 한다. 그렇다면 어떻게 해야 자신이 가치 있다고 느끼게 될까?

분업에서 행복으로

앞에서 소개한 아들러의 두 인용문을 열거해 보겠다.

> 내가 가치 있는 사람이라고 생각되는 순간은 내 행동이 공동체
> 에 유익할 때뿐이다. (『아들러 강연』)

> 누군가가 신발을 만들 때, 신발을 만든 그 사람은 타자에게 유
> 용한 존재가 된다. 공공에 도움이 된다는 감각을 얻을 수 있고,
> 그렇게 느낄 때만이 열등감을 줄일 수 있다. (『아들러 삶의 의
> 미』)

신발을 만드는 사람은 '신발을 만든다'는 '행동'을 통해 공동
체에 유익한 존재가 될 수 있다. 그리고 자신이 '공공에 도움이
된다는 감각', 즉 '공헌감'을 느낌으로써 '열등감을 줄이'고 자신
이 '가치 있다'고 느낄 수 있다.

자신이 가치 있다고 느끼고 용기를 낸다면 인간관계 안에
들어갈 수 있다. 인간관계 안에 들어가면 마찰을 피할 수 없겠
지만, 앞에서 살펴보았듯이 인간관계 안에 들어가야 사는 기쁨
을 느끼고 행복해질 수 있다.

아들러는 '노동의 분업'을 '인류를 행복하게 만드는 주요한

버팀목'이라 말하고, 그것이 가능해진 것은 다름 아니라 인간이 협력하는 것을 배웠기 때문이라고 했다(『삶의 의미란 무엇인가』).

이 글만 읽어서는 아들러가 왜 노동의 분업이 '인류를 행복하게 만드는 주요한 버팀목'이라고 했는지 명백하게 이해할 수 없다. 하지만 분업에 대한 아들러의 발언에 비추어 보면 그 의미가 분명하다.

즉, 신발을 만드는 일을 분업하면 신발을 만드는 사람은 자신이 공동체를 이롭게 한다고 여기게 된다. 그러한 과정을 통해 공헌감을 느끼면 자신이 가치 있다고 여길 수 있다.

자신이 가치 있다고 느낀 신발 만드는 사람이 용기를 내어 인간관계 안으로 들어가면 사는 기쁨을 느끼고 행복해질 수 있다. 앞에서 본 바와 같이 인간은 다른 사람과 관계를 맺고 사는 존재라서 본래 타자와의 관계를 도외시하고는 행복해질 수 없다. 이는 다른 사람들도 마찬가지다.

아들러는 이러한 노동의 분업에 따라 인간이 여타 많은 능력을 '공통의 행복'을 위해 씀으로써 공동체에 공헌할 수 있다고 말했다(『삶의 의미란 무엇인가』). 그 순간 행복은 자기만의 행복을 뛰어넘어 타자와 '공통'의 행복이 된다. 위의 글을 빌리면 이는 곧 '인류의 행복'을 의미한다.

자신이 가치 있다고 느끼기 위해 일한다

인간은 혼자서 모든 것을 만들어 낼 수 없다. 그것이 바로 분업을 하는 이유다. 그렇다고 생존하기 위해서만 일하는 것도 아니다. 아들러는 일하는 것 그 이상에 대해 생각했다.

인간은 무엇을 위해 일하는가? 일함으로써 인간은 자신의 능력을 타자를 위해 쓰고 타자에게 공헌한다. 타자에게 공헌하면 공헌감을 느끼고, 그럼으로써 자신이 가치 있다고 느낄 수 있다. 따라서 일한다는 것은 자신을 위한 일이기도 하다.

견해를 달리하여 일해도 공헌감을 느끼지 못하고, 자신이 가치 있다고 느끼지 못한다면 일하는 의미가 없다. 이것이 무슨 의미인지 잠시 생각해 보자.

일의 과제에서 교우, 사랑의 과제로

공헌감을 느낌으로써 자신이 가치 있다고 느끼면 인간관계 속으로 들어갈 용기를 낼 수 있다. '일의 과제'는 일만으로 완결되는 것이 아니며, '일의 과제'만 유달리 중시되는 것은 이상하다.

이렇게 생각하면 인간은 일하기 위해 사는 것이 아니라, 살기 위해 일하는 것이다. 그리고 이때 '산다'는 것은 인간관계 안에서 행복하게 산다는 의미가 된다. 인간은 인간관계 안에 들어갈 용기를 내기 위해, 자신이 가치 있다고 느끼기 위해 일하는 것이다.

이때의 인간관계를 '교우의 과제', '사랑의 과제'라 한다. 자신이 가치 있다고 느끼면 교우와 사랑이라는 인간관계 속에 들어갈 수 있는데, '일의 과제'가 그것을 가능하게 한다. 그렇게 생각하면 일하는 것은 생계를 유지한다는 좁은 의미가 아님을 알 수 있다.

자신이 가치 있다고 느끼지 못하는 일은 의미가 없다

이렇게 생각하면 자신이 가치 있다고 느끼고 인간관계 안에 들어가는 것이 일하는 목적이라고 할 수 있다. 공헌감을 느끼지 못하는 일은 해 봤자 의미가 없다. 하지만 이것이 공헌감을 느낄 수 있는 일과 그렇지 않은 일이 따로 있다는 뜻은 아니다. 이것에 대해서는 나중에 살펴보려 한다.

또 상사에게 끊임없이 야단맞아서 자신이 가치 있다고 느낄 수 없다면 대체 무엇을 위해 일하는지 알 수 없게 된다.

하지만 공헌감을 느껴야 할 직장에는 이런 상사가 반드시 있다. 그런 상사에게 어떻게 대처하면 좋을지는 3장에서 자세히 살펴보겠다.

예수는 '사람은 떡(양식)으로만 사는 것이 아니'라고 말했다

(「마태복음」 4장 4절). 이것은 일의 가치를 폄하하는 말이 아니다. 설령 일하는 것이 생계유지에 꼭 필요하더라도, 그것이 일하는 목적의 전부는 아니라는 말이다. 일하는 것의 본래 목적을 잊어서는 안 된다.

행복해 보이지 않는다

취직한 지 얼마 안 됐는데, '5월병*'에 걸려 5월이 되자 바로 일을 그만둔 젊은이가 있었다. 퇴직을 결심한 이유는 한두 가지가 아니었다. 그는 그때까지 학교 공부나 입학시험 등에서 한 번도 좌절한 적 없이 순탄한 인생을 살아왔다. 만약 그가 원하는 성적을 받지 못하거나 입시에 실패하는 등 좌절을 겪었더라면, 자신이 앞으로 무엇을 할지 생각하고 갈팡질팡하면서도 자신의 인생을 스스로 결정했을 것이다.

그는 입사해서 처음으로 맡은 방문 영업에서 실패했다. 인생에서 처음으로 겪은 좌절이었다. 상사도 그가 처음부터 잘하리

---

* 일본에서는 5월이 되면 3월에 입학한 신입생이나 입사한 신입 사원들이 단체 생활에 적응하지 못하고 우울해하는 현상을 '5월병'이라고 하는데, 거기에서 나온 말로 보인다.

라고는 생각하지 않았겠지만, 그에게는 생각지도 못한 깊은 상처가 되었다. 이 회사에서는 더 이상 일할 수 없다고 생각될 정도로 타격이 컸다.

하지만 그가 퇴직을 결심한 데는 다른 이유도 있었다. 선배나 상사들이 조금도 행복해 보이지 않았던 것이다. 일하는 것의 본래 목적을 생각하면 그의 결단이 옳았다고 할 수 있다.

그가 들어간 회사는 세간에서 일류로 손꼽히는 곳이었다. 그래서 열심히 일하면 서른 살쯤에는 내 집을 마련할 수도 있었다. 하지만 마흔 살쯤에는 장례를 치를 수도 있었다.

퇴직하고 고향으로 돌아간 그는 한동안 느긋하게 지낼 작정이었으나, 창업한 친구와 함께 일하겠다며 다시 집을 나왔다. 처음으로 자신의 인생을 결정한 것이었다.

자신만이 할 수 있는 일은 없다

일하는 것 자체는 중요하지 않다. 일을 함으로써 공헌감을 느끼고 자신이 가치 있다고 느낀다면 '할 수 있는 일이 이 일밖에 없다'라든가, '나만이 이 일을 할 수 있다'라는 생각으로 특정한 일을 고집할 필요가 없어진다.

실연당하면 "내가 아니어도 좋았던 거구나"라며 선택받지 못해서 절망하지만, 일에 있어서는 자신이 아니면 할 수 없는 일이란 없다.

실연당한 사람도 실연당한 시점에는 깊은 상처를 받아 두 번 다시 사랑할 수 없을 것 같지만, 실제로는 금세 다시 누군가를 사랑할 수 있다. 일도 마찬가지다. 자신이 아니면 할 수 없다고 생각하지만 그렇지 않다. 지금 하는 일을 계속하지 못하게 되더라도 언제든 다른 일을 할 수 있다. 이 일밖에 할 수 없다고 생각하면, 새로운 길은 열리지 않는다.

처음 상근직으로 취직했을 때

나는 마흔 살 때 처음으로 상근직으로 취직했다. 어느 정신과 병원의 카운슬러 일이었다. 그때까지 한 번도 상근직으로 일한 적이 없어 취직이 결정되었을 때는 드디어 어엿한 사회인이 된 기분마저 들었다.

물론 그때까지 비상근이기는 하지만 계속 일해 왔고, 상근직이 비상근직보다 훌륭하다고 여기지도 않았는데, 이런 생각이 들어 참 이상했다.

아버지는 해마다 봄이면 전화를 걸어 "올해는 취직해야지."라고 말씀하셨다. 그러면서 아직 취직하지 않은 내게 화를 내셨다. 해마다 늘 똑같은 이야기로 옥신각신했는데, 상근직으로 취직했다고 하면 아버지가 틀림없이 기뻐해 더는 부딪칠 일이 없을 거라 여겼다.

그래서 기쁜 마음으로 일을 시작했는데 문제가 생겼다. 카운슬러로 취직했으나 오전 중에는 병원 접수를 보라는 명령이 떨어졌기 때문이다. 접수 업무가 싫어서가 아니라, 접수 일이 나에게 특별히 맞는다고 생각하지 않았고, 나보다 적임자가 있으리라고 여겼기 때문이다. 그런 연유로, 이곳에서는 내 실력을 발휘할 수 없겠다고 생각했다.

하지만 당장 그만둘 수는 없었다. 겨우 정규직으로 취직했는데, 일을 시작하자마자 그만두면 남들이 어떻게 볼까 하는 것도 마음 쓰였고, 무엇보다 그런 이유로 그만두는 나 자신을 용납할 수 없었다.

그만두려 해도 그만둘 수 없었다

남들이 어떻게 생각하든, 만약 일이 나와 정말 맞지 않는다면 그만둔다고 말하면 될 것이다. 물론 그렇다고 해서 당장 인정받을 수는 없지만, 말을 하지 않으면 생각을 전할 수 없다. 그런데 나는 그만두고 싶다는 말을 꺼내지 못 한 채 병에 걸리고 말았다. 그만둘지 말지는 내가 결정할 수밖에 없는데, '일을 계속하고 싶지만, 병에 걸려서 계속할 수 없게 되었다'고 생각하고 싶었던 것이다.

하지만 이런 생각을 한 것은 나중 일이고, 그때는 병세가 단번에 좋아지지 않아서 어쩌면 마음에서 기인한 병이 아닐까 하는 의심이 든 것이다. 하지만 마음에서 기인한 것이 아니라 정말 몸이 아파서 생긴 병일 가능성도 있고, 직장 상사가 권유하기도 해 병원에 갔다.

진찰을 끝마친 의사는 '원인 불명'이라고 말했다. 그 말에 일단 안도했으나, 원인 불명이란 아픈 몸을 고칠 기술이 없다는 뜻임을 깨닫고 망연자실했다. 의사는 내게 "카운슬링을 받으세요."라고 권하려는 듯했다. "실은 제가 카운슬러입니다."라고 대답해야 할 것 같아 서둘러 병원을 빠져나왔다.

상사에게 원인 불명이라고 말했더니, 상사는 컨디션이 나빠진 것은 기합이 들어가지 않아서라며 나를 비난하기 시작했다. 쉬는 날 번역 같은 일을 하니까 본업을 소홀히 하게 되는 거라는 말도 했다. "쉬는 날 골프 치는 건 괜찮습니까?"라고 물었더니 "골프라면 문제없지"라는 대답이 돌아왔다. 골프는 기분 전환이 된다는 뜻일까? 나는 도저히 납득이 가지 않았다. 휴일에 무엇을 하든 그건 자유 아닌가. 그러자 여기는 내가 있을 곳이 아니라는 확신이 들었다.

결단력을 갖자

요즘은 내가 젊었을 때와 달리 전직하는 사람이 드물지 않다. 지금 하는 일이 자신과 맞지 않거나, 현재 하는 일이나 직장에서는 능력을 발휘할 수 없다는 생각이 들면 그만두고 새로운 일을 시작하면 된다. 직장을 옮기는 것도 용이해졌다.

부모에게 다른 일을 할 거라고 말하면 "싫증을 잘 낸다"며 타박할지도 모르지만, '싫증을 잘 내는' 것이 아니라 '결단력'이 있다고 봐도 좋을 것이다. 지금 하는 일이 적성에 맞지 않는다는 것을 확인하고 다른 일을 하겠다고 결단을 내릴 수 있는 사람은 그런 결단을 하지 못 한 채 마지못해 일을 계속하는 사람보다 훨씬 바람직하다.

나는 중학교를 졸업하고 간호사가 되려는 학생이 입학하는 한 고등학교에서 4학년 학생, 그러니까 간호 전공과 1학년생 반에서 심리학을 가르치고 있다. 나이로 보면 대학교 1년생에 해당한다. 학생들은 처음에는 부모와 교사의 권유로 간호사를 꿈꾸며 열심히 공부한다. 그렇지만 시간이 지날수록 과연 간호사가 적성에 맞는지 고민하기 시작하는 학생이 나온다.

당연한 일이다. 어쩌면 큰 뜻을 안고 간호사가 되기로 결심하고 입학한 학생은 드물지도 모른다. 장래에 자격증을 딸 수 있다는 말을 듣고 입학한 학생도 분명 있을 것이다. 그런 학생은 결코 간단하지 않은 간호 과목을 따라가지 못한다.

학력이 부족해서도 노력이 부족해서도 아니다. 동기의 문제다. '나는 정말 간호사가 되고 싶은 걸까?'라고 자문했을 때, '그렇다'고 대답하는 사람은 간호사가 되기 위해 열심히 공부할 것이다. 그런 사람은 때로 벽에 부딪히더라도 극복할 수 있다. 하지만 '내가 되고 싶은 것은 간호사가 아니다'라는 결론에 도달한 학생은 다른 진로를 알아보는 게 좋다. 상담할 때 나는 늘 그렇게 조언한다.

스스로를 활용하기 위한 전직

원래 하던 이야기로 돌아와, 나는 '결단력'이 없어 병에 걸린 뒤에도 그만두지 못 한 채 일을 계속했다. 그러던 어느 날 퇴근길에 계단을 헛디뎌 관절을 다쳤다. 다음 날 목발을 짚고 출근했더니, 그런 상태로는 일할 수 없다며 상사가 말리는 바람에 주치의의 지시대로 3주간 일을 쉬었다.

쉬기 전에는 내가 이 병원에서 모르는 게 없는, 소위 살아 있는 만물박사 같은 존재고 내가 없으면 이곳이 돌아가지 않을 거라 생각했다. 그런데 병원이 아무런 문제 없이 잘 운영되는 것을 보고 나서, 마침내 일을 그만두기로 결심했다.

일을 관두는 이유가 꼭 일에 관심을 잃고 열정적으로 몰두하지 못해서만은 아니다. 물론 그런 사람도 있겠지만, 나만이 할 수 있는 일을 하고 싶다는 더 적극적인 이유로 하던 일을 관두고 전직을 결심해도 된다.

자신의 능력을 발휘함으로써 공헌감을 느낄 수 있는 일을 하지 않으면 자신이 가치 있다고 느낄 수 없다. 자신의 능력을 발휘할 수 없는 직장에는 계속 다녀 봤자 의미가 없다.

처음부터 어떤 일을 할지는 모른다

앞으로 정확히 어떤 일을 할지는 실제로 그 일을 시작해 보지 않으면 알 수 없다. 사범대학에 입학한 내 친구의 어머니는 자식의 합격이 결정됐을 때, "이걸로 우리 애(딸)의 인생은 정해졌다"고 말했다고 한다.

아마도 4년 후에 대학을 졸업하고 임용 고시에 합격한 뒤 학교에 취직하면 안정된 인생이 기다린다는 뜻이었으리라. 하지만 인생이 그렇게 뜻하는 대로 흘러가지 않는다는 것을 많은 사람이 경험으로 알 것이다.

인생뿐 아니라 일도 마찬가지다. 그 일이 구체적으로 어떤 건지, 어떤 환경에서 일하게 될지 당장은 알 수가 없다. 그런데 그것을 알고 있다고 생각하는 사람은 두세 개 회사에 내정되어도 더 좋은 회사가 있을 것 같아서 좀처럼 마음을 정하지 못한다.

나는 대학생일 때 중학교, 고등학교 교원 자격증을 땄다. 교생 실습도 마쳤고, 학원에서 아이들을 가르친 적도 있어서 중학교나 고등학교에서 가르친다는 것에 대해 모르는 것은 아니었다. 하지만 나는 끝내 교단에 서지 않았다.

내가 교사가 되지 않은 이유는 교사란 학생에게 큰 소리를 내지 않으면 안 된다고 생각했기 때문이다.

하지만 냉정하게 생각해 보면 내가 만난 선생님이 모두 큰 소리를 내는 위압적인 분들이었던 것은 아니다. 특히 고등학교 때 선생님은 결코 큰소리를 내지 않고, 학생들과 대등한 관계를 맺었다. 그 선생님이 보여 준 학생들과의 관계를 모델로 삼았다면 나는 지금과 다른 인생을 살고 있지 않을까 이따금 생각한다.

적성에 맞는지 아닌지 미리 알 수는 없다

고등학교를 졸업하고 얼마 안 되어 길거리에서 중학교 교장선생님을 만났다. 선생님은 한번 놀러 오라고 말씀하셨다. 지금 생각해 보면 단순히 인사로 건넨 말이었는데, 당시 나는 너무 기뻐서 얼마 지나지 않아 선생님 댁을 방문했다.

다행인지 불행인지 지금은 거의 기억나지 않지만 딱 하나 기억나는 선생님 말씀이 있다. 선생님은 왜소한 내 몸집을 보고 이렇게 말씀하셨다.

"넌 장사치와 어울리지 않아. 체격이 좋고 다부져야 장사를 할 수 있다고. 뭐니 뭐니 해도 불도저 같은 추진력이 있어야 하는데, 너한텐 무리야."

대체 무슨 이야기를 하다가 이런 말이 나왔는지는 기억에 없지만, 선생님이 자주 이런 말을 자신만만하게 했으리라 생각한다. 장사치라는 말이 구체적으로 어떤 일을 가리키는지 물어볼 마음조차 들지 않을 정도로 실망했던 기억만 난다.

나는 전부터 막연히 아버지처럼 회사에서 일하는 건 시시하다고 생각해 오던 터라 속내를 들킨 것 같아 당황했다. 인생의 패배자라고 선고받은 기분도 들었다. 보통 사람과 같은 삶을 살 수 없다는 말을 들은 것 같았기 때문이다.

돌이켜 보면 선생님이 말한 장사치가 어떤 일을 하는 사람인지 알았다고는 생각하지 않는다. 그런데도 실망하다니, 참 이상하다. 우리 아버지는 영업 사원이었지만 특별히 체격이 좋지도, 추진력이 강하지도 않았다. 지금 생각해 보면 영업 일에는 오히려 추진력이 강한 사람보다 그렇지 않은 사람이 더 적합하지 않은가 싶다. 그 당시 나는 정말로 체격이 좋지 않거나 추진력이 강하지 않으면 영업 일에 무리인지 조사해 보려고도, 다른 사람에게 물어보려고도 하지 않았다.

직접 일의 내실이나 직장의 환경을 바꾼다

설령 시작한 일이 꿈에 그리던 일과 다르다고 해도 낙담할 필요는 없다. 아이를 가르친다는 뜨거운 이상을 품고 교사가 되었는데, 이상과 거리가 먼 현실에 직면하고 교사가 적성에 맞지 않는다며 그만둘 필요는 없다. 교사는 이러이러해야 한다는 자신의 생각이 옳다고 생각하면 본인이 나서서 현실을 바꾸려고 노력하면 된다. 이상을 현실에 맞추려 할 필요는 없다. 어떻게 하면 현실을 바꿀 수 있을지 생각하고, 그것을 가능하게 만들 방책을 생각하는 것이 맨 처음 해야 할 일이다. "어차피 뭘 해도 바뀌지 않아"라는 말은 바꿀 노력을 하지 않겠다는 변명에 불과하다.

일이나 직장에 맞게 자신을 수동적으로 맞출 필요는 없다. 자신이 일 자체 혹은 직장의 환경을 바꿀 수도 있고, 그렇게 할 책임도 있다. 회사라는 조직에 자신을 맞춰야 하는 것은 아니다.

3장에서 살펴보겠지만, 여기서 회사라는 조직을 말할 때는 직장에서의 인간관계를 문제로 삼는다. 만약 상사가 부하 직원을 불합리하게 대한다든가 부하 직원이 틀린 생각을 할 경우엔 그것을 간과하면 안 된다. 자신의 주장이 그대로 받아들여질지는 알 수 없지만, 그래도 주장하지 않으면 안 된다.

만약 불만이 있는데도 아무런 주장을 하지 않는다면 거기에는 까닭이 있을 것이다. 그것에 대해서는 2장에서 살펴보도록 하자.

자신만이 할 수 있는 일도 있다

앞에서 자신만이 할 수 있는 일은 없다고 했는데, 자신만이 할 수 있는 일도 있다. 더 정확히 말하면, 어떤 일이든 자신만의 방식으로 하면 된다.

아들을 출산해 아내가 육아 휴직 중일 때, 나는 몇 군데 학교에서 비상근 강사로 일하고 있었다. 하지만 그것만으로는 부족해 신문 구인 광고를 보며 일자리를 구한 적이 있다.

광고를 보니 해외에 팩스FAX를 송수신할 수 있는 사람을 모집하는 회사가 근방에 있어 면접을 보러 갔다. 담당자는 내 이력서를 보고 말했다.

"대학원을 나왔네? 우린 어린 아가씨가 좋은데."

채용되지 않았으나 만약 채용되었어도 내가 거절했을 것이다.

앞에서도 살펴본 바와 같이 그 후 나는 정신과 병원에서 카운슬링을 할 작정으로 취직했으나, 실제로는 하루 중 대부분의 시간을 접수 업무를 보는 데 썼다.

당시에는 전화를 받고 내원한 환자에게 대응하는 일이 나에게 맞지 않고, 나보다 접수에 더 유능한 사람이 있을 거라고 생각했다. 그래서 내가 접수 업무를 하면 병원에도 이득이 되지 않을 것이라고 여겼다. 사실 접수 말고 다른 일을 하고 싶은 것이 솔직한 심정이었다.

나는 그 일이 적성에 맞지 않는다고 상사에게 말할 수도 있었지만, 그때는 현실을 바꿀 수 없다고 생각해 주어진 일을 열심히 하자, 그리고 하기로 한 이상 최선을 다하자고 다짐했다. 한 번도 해 본 적 없는 일이라는 이유로, 혹은 주어진 일에 전력을 다해 보지도 않고서 이 일은 내게 맞지 않는다고 말하는 것은 이른 판단이라고 생각했던 것이다.

일의 가치를 알자

그러던 어느 날 병원에서 접수를 받는 사람은 수간호사급에 맞먹으며, 신입 간호사는 결코 접수 업무를 볼 수 없다는 이야기를 듣고 접수 업무를 다시 생각하게 되었다.

병원에 갔을 때 어느 과에 가서 진찰을 받아야 좋을지 모를 때가 있다. 내원한 환자가 증상을 말하며 어느 과에 가서 진찰을 받으면 되는지 물었을 때, 적확하고 신속하게 대답하기란 쉬운 일이 아니다. 그런 질문에 제대로 대답하려면 병에 대한 지식은 물론, 병원 조직과 인사 전반에 통달해야 한다.

그래서 나는 기분을 새로이 하고, 접수 업무를 철저하게 하자고 다짐했다. 익숙하지 않은 일이라 처음에는 힘들었지만 얼마 지나지 않아 내키지 않았던 접수 업무가 의외로 재미있게 느껴졌다.

병원에는 수시로 전화가 걸려 오는데, 이름을 딱히 묻지 않고도 목소리만으로 누군지 알 수 있게 되었다. 또 저마다 어떤 일로 내원했으며, 의사가 물었을 때 환자가 지금 어떤 상태인지 진료 기록을 보지 않고도 대답할 수 있게 되었다.

그러다 내원 환자가 늘어 접수 업무를 보는 사람을 따로 뽑는 바람에 내가 항상 접수를 보지는 않게 되었다.

처음에는 접수 업무가 나에게 맞지 않는 일이라고 생각했지만, 일단 하기로 한 이상 최선을 다하자고 마음을 고쳐먹은 후 자신을 갖게 되었다. 전화 목소리만 듣고 "누구누구 씨?"라고 말하면 환자들은 기뻐했고, 의사는 환자에 대한 내 지식을 높이 평가해 공헌감을 느낄 수 있었다.

간호과 학생들에게 자주 하는 이야기가 있다. 간호사에게는 병원 등에서 접하는 환자가 많은 환자 중 한 명에 불과하지만 환자 입장에서는 입원이라는 비일상적인 경험을 통해 만나는 간호사가 인생을 바꾸는 중요한 사람일 수도 있다고. 그런 자부심을 갖고 임하면, 일이 그저 힘들고 괴롭지만은 않을 것이다.

그래도 일이 전부는 아니다

나는 쉰 살이 되자마자 심근경색으로 쓰러져 한 달가량 입원한 적이 있다. 그래서 비상근 강사로 근무하던 학교에 입원했다고 연락했더니, 그날로 바로 해고해 버렸다. 해고 통지는 이메일로 받았다. 나는 오래 입원하지 않을 거라 한 달 후에는 출강할 수 있다는 답장을 보냈으나 회신은 오지 않았다. 학교 측은 당장 대신할 강사를 구해야 해서 한 달이나 기다려 줄 수 없다고 판단했던 것이다.

다행히 모든 학교가 똑같이 대응하지는 않았다. 병원 안을 걸어 다니게 되었을 때, 다른 학교에 전화했더니 "어떤 조건으로든 반드시 복귀해 주길 바란다."라고 말했다. 설령 반년 후에 복귀해도 상관없고 격주로 출강해도 된다고 했다. 그런 말이 투병하는 데 힘이 된 것은 말할 필요도 없다. 마침내 퇴원한 다음 달부터 복귀해 강의를 재개했다.

정년퇴직을 한 사람이 퇴직한 다음 날에도 회사에 얼굴을 내밀 때가 있다. 자신이 없으면 행여 회사가 마비되지 않을까 염려되어서다. 내가 골절로 휴직했을 때 나 없이도 병원이 잘 돌아갔듯이, 퇴직한 사람은 이미 그곳에 필요 없기 때문에 출근해도 달가워하지 않는다. 자기 자신은 교사로서 우수하다고 자부해 누구도 나 대신 강의할 수 없다고 생각했지만, 실제로는 다른 교사가 나보다 더 잘 가르칠 수도 있다.

자신이 아니어도 대신 일할 사람이 있다는 현실을 인정하기란 쉽지 않다. 하지만 현실을 인정하면, 현역에서 일할 때도 다른 중요한 인생의 과제를 희생하면서까지 일에 정열을 쏟을 필요가 없다는 걸 깨닫게 된다. 물론 일은 인생에서 큰 비중을 차지하고, 쏟아붓는 에너지와 소비하는 시간이 막대하다 보니 자칫 일에 과도한 관심을 기울이기 쉽다.

일은 인생의 전부가 아니다. 일을 위해 다른 어떤 것을 희생해서는 안 된다. 예를 들어 가족과의 단란한 시간을 희생하면서까지 일을 해야 하는 것은 아니다.

천직

만약 다른 누구도 대신할 수 없고 오직 나에게만 어울리는, 나만이 할 수 있다고 생각되는 일이 있다면 그것이 바로 '천직'일 것이다.

자신이 하는 일이 '천직'인지 아닌지 생각해 보는 사람은 많지 않다. 그래도 자신의 일이 결코 다른 사람이 대신할 수 있는 일이 아니라는 의미에서 천직이라고 할 수 있을지 생각해 보기 바란다.

나는 요즘 세상에서 '인재'라는 말이 아무 생각 없이 쓰이는 것에 의문을 느낀다. 원래 인재는 '재능이 있는 사람(人材)'이라는 의미로 쓰이지만, 나에게는 이 말이 다른 누군가가 대신할 수 있는 '재료'라는 의미로밖에 들리지 않는다. 인간은 그 누구도 '재료材料'가 아니다. 기업은 '인재'를 추구하면서 그 인재가 일하지 못하게 되면 "대신할 사람은 얼마든지 있다"며 즉시 해고해 버린다.

취직할 때도 구직자 입장에서는 무엇이든 할 수 있다며 채용되길 바란다. 하지만 우치다 다쓰루內田樹*가 지적한 바와 같이 "'모두가 할 수 있는 일을 하는' 노동자는 정의상 '얼마든지 교체가 가능하다'."(『우치다 다쓰루의 대시민강좌內田樹の大市民講座』)라고 하는 상황이다. 자신이 '재료'로 간주되기를 앞장서서 바랄 필요는 없다.

학생이 자신을 '인재' 혹은 '상품'으로 간주하는 것은 구직 활동을 할 때 모두가 판에 박힌 옷을 입고 면접에 임하는 것만 봐도 알 수 있다. 언젠가 어느 회사에 강연을 하러 간 적이 있다. 공교롭게도 입사 시험 날이어서 많은 젊은이가 면접을 보러 와 있었다.

그중 한 학생이 개성을 드러내려고 민족의상을 입고 있었다. 여행사라서 유별난 복장이라고는 생각하지 않았다. 하지만 그 회사 사람은 그 학생을 흘깃 보더니 "저 친구는 떨어질 거야."라고 공언했다. 다른 사람과 다른 것을 어필하면 안 된다는 뜻이었다.

학생이 자신을 교체 가능한 인재로 안주하는 데는 기업 측

• 현대 일본의 대표적인 사상가. 문학, 철학, 정치, 문화 등 다양한 분야의 저서를 통해 통찰력 있는 이야기를 들려주고 있다.

의 문제도 있다. 기업은 학생에게 "대학에서 배운 것은 전부 잊어라."라고 말한 뒤, 그 기업에 유용한 지식을 철저히 주입하려 한다. 누구든 대신할 수 있는, 개성이 사라진 인재로 만들려는 시도가 비록 어디에서나 행해지고 있다 해도 그것이 정당하다고 할 수는 없다.

자신의 인생을 선택한다

세리자와 고지로芹沢光治良의 소설『인간의 운명人間の運命』을 보면 주인공 모리 지로가 빈곤 때문에 번민하고 괴로워하던 어느 날 자살하려고 바다에 몸을 던지는 순간, 커다란 힘이 그의 몸을 붙잡아서 투신을 막았다는 이야기가 나온다. 그 커다란 힘은 바로 후지산의 힘이었다.

> 먼 타향에서 죽음과 싸우던 젊은 나날들, 나를 고무시켰던 후지산이여, 바다여, 고향은 참으로 고마운 존재로구나.

이것은 세리자와가 여든네 살에 읊은 노래다. '먼 타향에서 죽음과 싸우던 젊은 나날들'이란 문구는 세리자와가 결핵에 걸려 오랜 요양 생활을 해야 했던 프랑스 유학 시절을 가리킨다.

세리자와는 그사이 신의 뜻에 따라 작가가 되기로 결심했다.

귀국 후에는 유학 가기 전에 일했던 농상무성農商務省에서 복직을 인정하지 않아서 주오대학에서 일해야 했다. 그는 일을 하면서도 소설가가 되려는 꿈을 버리지 않고 종합 잡지『개조改造』의 소설 현상 공모전에『부르주아』라는 소설을 응모해 일등으로 당선되었다.

하지만 쇼와 시대(1926~1989) 초기 일본에서는 소설가가 사회적으로 인정받지 못했다. 세리자와의 의부는 "프랑스에서의 생활은 꿈이다, 저 세상의 일이다 생각하고 다 잊게."라고 말했을 정도다.

얼마 지나지 않아 아사히신문에 소설이 연재되자 주오대학 학장은 세리자와를 불렀다. 가까운 장래에 교수 자리를 주겠노라 약속했으나 세리자와가 소설 쓰는 것을 인정할 수 없었기 때문이다.

"이보게, 일본에서는 문학과 소설이 사회에 해악을 끼친다고 보는 게 상식이야. 필명이든 본명이든 그 해악을 끼치는 장본인이 우리 대학 교수가 되다니 용납할 수 없네. 지금 당장 우리 대학인지 소설 연재인지 확실히 해 주게."

그 말을 들은 세리자와는 주저하지 않고 문학의 길을 선택했다.

"어쩔 수 없지요. 그렇다면 문학의 길을 택하겠습니다. 단, 현재 강의하고 있는 '화폐론'은 두세 번만 수업하면 종강이니 학생에 대한 책임상 시험 채점을 마치고 나서 물러나겠습니다."

누구나 한 번은 그런 결단이 필요한 순간이 있을 것이다. 그 결단이 반드시 논리적, 합리적이라고 할 수는 없다. 때로는 무모하다는 평가를 받을 수도 있다. 하지만 우리는 누군가의 기대를 만족시키기 위해서 사는 것이 아니다. 누가 무슨 말을 하든 스스로 인생을 선택하길 바란다.

신의 부름을 받다

알베르트 슈바이처는 프랑스의 신학자, 철학자, 오르가니스트였다. 그런데 어느 날 갑자기 아프리카에 가기로 결심했다. 그리고 당시 이미 삼십 대였던 그는 학자, 예술가로서 바쁜 생활을 하는 틈틈이 아프리카인을 돕기 위해 의학 공부를 시작했다. 그가 의대에 들어간 것은 의학적인 관심에서라기보다 인도적 견지에서였다.

슈바이처는 신학생이었을 때, 집으로 돌아와 잠자리에서 다음과 같이 결심했다.

"서른 살까지는 학문과 예술 속에 사는 것을 허락받았다고 생각하자. 그리고 그 후에는 인간으로서 다른 사람에게 봉사하는 길을 걷자."

실제로 그는 대학에서 신학과 철학을 전공하고 신학 박사 학위를 딴 뒤 스물여섯 살에 대학 강사가 되었다. 또한 오르간 연주자로서 바흐에 관한 연구로 명성을 날렸고, 칸트 철학을 연구해 철학 분야에서도 뛰어난 업적을 남겼다. 그리고 결심한 대로 서른 살이 되었을 때, 아프리카의 적도 부근에 사는 흑인들의 어렵고 곤궁한 삶을 위해 평생을 바치기로 결심하고 의대에 들어갔다. 졸업 후에는 랑바레네Lambaréné의 원시림 골짜기에 병원을 세우고 봉사 활동을 하기 시작했다.

그러자 주변 사람들은 슈바이처의 오르간 선생이었던 샤를마리 비도르Charles-Marie Widor에게 왜 슈바이처를 말리지 않았느냐고 비난했다. 그녀는 이렇게 대답했다.

"하느님의 부름을 받은 것 같았어요. 하느님의 부름을 받았는데, 내가 무엇을 할 수 있겠어요?"

이것을 영어로는 calling, 독일어로는 Beruf라고 한다. 이는 '신에게 호출되다' 혹은 '신의 부름을 받다'라는 의미다. 일본어로는 '천직'이라고 한다. 자신의 일을 천직이라 여기면 매일 해야 하는 일이 그저 고통스럽지만은 않을 것이다.

나는 젊었을 때, 슈바이처가 의사가 되기로 결심했다는 이야기를 들었다. 그래서 서른이라는 적지 않은 나이에 새로운 공부를 시작하다니 정말 힘들었겠다고 생각했다. 그런데 슈바이처와 비슷한 나이에, 그때까지 하던 일을 그만두고 의대에 입학한 친구가 있었다.

그 친구도 슈바이처와 마찬가지로 고된 일을 하면서 수험 공부를 했다. 다른 사람을 돕고 싶다는 열망에 의사가 되기로 결심하지 않았더라면 일상에 쫓겨 수험 공부를 하기 힘들었을 것이다.

수험생 중 최고령으로 의대에 합격했다는 신문 기사를 읽고 기뻐했는데, 그 후 까맣게 잊고 지냈다. 그 친구를 다시 만난 것은 그로부터 10년이 훨씬 지난 어느 날로, 내가 근무하던 병원에 그가 갑자기 모습을 드러냈다. 그 친구는 젊어서 철학을 전공한 내가 정신과 병원에 있으리라고는 전혀 생각하지 못했는지 나를 보고 놀랐다.

천직과 야심

프랑스 철학자 장 기통Jean Guitton은 '천직'과 '야심'을 구별하기 위해 늘 천직인가, 야심인가 물어야 한다고 말했다.

> 야심은 불안이고 천직은 기대입니다. 야심은 두려움이고 천직은 기쁨입니다. 야심은 계산하고 실패합니다. 성공은 야심의 모든 실패 중 가장 화려한 것입니다. 천직은 자연스럽게 몸을 맡기는 것이며, 모든 것이 그에게 주어집니다. (『나의 철학 유언 *Mon Testament Philosophique*』)

천직에 몸을 맡기려는 사람도 물론 스스로 결단해 그 일을 선택한 것이다. 하지만 결단할 때는 기대 외에 어떠한 두려움도 없어야 한다. 잘못 선택한 것 아닐까 두려워하지 말고 계산도 하지 말아야 한다.

철학자 쓰루미 슌스케鶴見俊輔는 "중대한 결단의 저변에는 반드시 심오한 것이 있으며, 이는 지적인 명제와 바꿀 수 없습니다."(『동시대를 살며同時代を生きて』, 세토우치 자쿠초瀬戸内寂聴, 도널드 킨Donald Keene 공저)라고 했다. '지적인 명제와 바꿀 수 없다'는 말은 중대한 결단을 내릴 때 합리적이지 않을 수도 있으며, 인간이라고 해서 늘 반드시 합리적인 결단을 하는 것은 아니라는 뜻이다.

슈바이처가 의사가 되기로 결심한 것도, 세리자와 고지로가 안정된 공무원이나 장래가 보장된 교수라는 지위를 버리고 작가의 길을 선택한 것도 무모하고 사려가 부족해 보일 수 있다. 하지만 본인으로서는 깊은 내면으로부터의 동기에 자극을 받아서 내린 의미 있는 결단이었다.

내가 철학을 전공한다고 했을 때, 아버지는 반대하면서 어머니에게 나를 말리라고 하셨다. 그 말을 듣고 어머니는 이렇게 대답하셨다. "그 애가 하는 건 전부 옳아요. 그러니 지켜봅시다." 나는 어머니의 기대에 반해 그전에도 그 후에도 옳지 않은 짓을 숱하게 했지만, 아무리 말려도 내가 결단을 번복하지 않으리라는 사실을 어머니는 알고 있었던 것이다.

허영심으로서의 야심

아들러는 '야심'에 대해 허영심과 거만이라는 말 대신 '아름답게 울리는 말'로 '야심'을 쓸 때가 있다고 지적했다(『아들러의 인간이해Menschenkenntnis』).

그러나 기통은 야심을 부정적인 의미로 보았다. 아들러도 야심은 "공공에 도움이 되는 사안을 위해 유용하다고 판단될 때만 인정받을 수 있다"면서 통상적으로는 도를 넘은 허영심을 가리는 데 불과하다고 말했다.

슈바이처가 의사가 된 것은 아프리카 사람들을 돕기 위해서였지 자신을 위해서가 아니었다.

야심은 새로운 것에 대담하게 도전하는 마음을 뜻하는 동시에, '야망'과 마찬가지로 자신의 키보다 큰, 분수에 맞지 않는 바람이라는 의미로도 쓰인다. 다나베 세이코田辺聖子*의 『꽃 같은 옷 벗으니 휘감기네……花衣ぬぐやまつわる……』라는 소설에는 대학에 진학하고 싶어 하는 여성이 일가친척에게 "그건 허영심이야"란 말을 듣고 "아니야, 향상심이야."라고 말했다는 이야기가 나온다. 대학에 진학하는 이유가 그저 허영심을 채우기 위해서라고 말하는 사람도 있지만, '향상심'에서 대학에 진학하는 사람

• 일본의 대표적인 여성 작가로, 소설뿐 아니라 수필, 여행기, 평전 등 다양한 작품을 썼다.

도 있다.

야심을 충족시키려는 허영심을 안고 대학에 진학해 입신출세를 꿈꾸는 사람은 공부하다 힘들면 이내 포기할지도 모른다. 하지만 인간은 개인적 동기만으로 공부하지는 않는다.

아들러는 허영심이 없는 사람은 없으며, 다소 차이는 있을지언정 누구나 그러한 경향이 있다고 인정했다. 그러면서도 허영심은 "인간에게 방향을 제시하지 않았고 유용한 업적으로 이끄는 힘도 주지 않았다."(『아들러의 인간이해』)라고 말했다.

유용한 업적은 공동체 감각이 있을 때만 나온다. 아들러 심리학의 핵심 개념인 '공동체 감각'을 아들러는 영어로 social interest라고 표현했다. 여기서 알 수 있듯이 공동체 감각은 '타자에 대한 관심'이라는 의미다. 그리고 공동체 감각은 자신이 소속된 공동체(아들러는 이것을 우주까지로 보았다)를 진보시키려는 의지가 있어야 비로소 성취할 수 있다. 천재의 업적은 개인적 자기만족을 위해서가 아닌, 공동체의 진보에 공헌해야 비로소 가치가 있다.

천재의 업적에만 국한하지 말고 늘 공동체를 위하고 자신뿐아니라 타자에게 관심을 갖지 않으면 안 된다. 공동체 또한 더큰 공동체를 생각하지 않으면 안 된다. 자신이 소속된 조직에 유익한 일이라 하더라도, 그것이 더 큰 공동체에 해악이 된다면 간과해서는 안 된다. 자신에게만 관심 있고 타자에게는 관심 없는 사람은 그러한 때도 자기 보신에만 급급해 보고도 못 본 척 지나간다. 아무리 엘리트라 해도 자신밖에 생각하지 못하는 사람은 그저 유해한 존재일 뿐이다.

내면에서 촉발되는 것

오스트리아의 시인 마리아 라이너 릴케는 자작시를 보낸 젊은 시인 프란츠 카푸스Franz Kappus에게 비평을 절대 구하지 말라고 당부한 뒤, 회신 편지에 "자네에게 가장 중요한 밤 시간에 자기 자신에게 '나는 쓰지 않고는 견딜 수 없는가' 물어보라"고 썼다 (『젊은 시인에게 보내는 편지Briefe an einen jungen Dichter』).

시를 쓰는 이상, 자신의 시가 훌륭한지 마음 쓰게 마련이다. 시를 잡지에 투고하고는 타인의 시와 비교하거나, 편집자에게 시를 거절당하면 불안해한다. 릴케는 그런 것들을 하지 말라고 조언한 것이다.

"나는 쓰지 않고는 견딜 수 없는가?"라고 물었을 때, "나는 쓰지 않고는 견딜 수 없다."라고 대답할 수 있다면 시를 쓰라는 것이다.

'나는 쓰지 않고는 견딜 수 없다Ich muß schreiben'에서 muß(영어로는 must)를 '의무'로 읽으면 '쓰지 않으면 안 된다'는 의미가 되어 릴케의 의도에서 벗어난다. '쓰지 않으면 안 된다'는 것이 아니라 '쓰지 않고는 견딜 수 없다'가 맞다. 이는 글 쓰는 일이란 결코 외부로부터 강제되지 않으며 안에서부터 발현되는 것임을 표현한 것이다. 릴케는 '쓰지 않고는 견딜 수 없다'면 "이 필연성 Notwendigkeit에 따라 생활을 꾸려 나가라"고 조언했다.

릴케는 앞에서 문제 삼았던 천직을 언급하며 다음과 같이 말했다.

> 자기 안으로 들어가 자네의 생활이 만들어 내는 심오함을 음미하게. 자네는 그런 근원적 생활을 통해 창조하지 않고는 견딜 수 있는지 없는지에 대한 답을 구할 것이네. 그 답을 해석하지 말고 들리는 대로 받아들이게. 아마도 자네는 예술가가 되라는 부름을 받았음을 증명하게 될 걸세. 그때는 그 운명을 받아들이게. (『젊은 시인에게 보내는 편지』)

'예술가가 되라는 부름을 받았다'에서 '부름을 받다'는 앞에서 본 바와 같이 '하느님의 부름을 받다'라는 뜻이다. '천직'의 원어 Beruf(부르는 것)를 사용하면 '예술가가 되라는 부름을 받다'는 곧 '예술가가 천직이다'라는 의미가 된다.

철학자 나카지마 요시미치中島義道도 릴케의 이 편지를 인용한 적이 있다. 소설을 쓰던 시기였는데, 그는 '매일 밤 설레는 마음'으로 소설을 썼다. 당시 나카지마를 북돋운 것은 릴케의 말이었다. 그리고 소설을 그만 쓰게 한 것도 바로 릴케의 말이었다.

나는 쓰지 않고는 견딜 수 없는가, 쓰는 것을 멈추면 죽어야 하는가…….

나는 자신에게 물었다. 하지만 '나는 쓰는 것을 멈추면 죽어야 한다'고는 생각하지 않았다. 그리고 쓰는 것을 멈췄다. (『일하기 싫은 당신을 위한 책動くことがイヤな人のための本』)

사랑하는 사람을 기쁘게 하려고

릴케는 젊은 시인에게 이런 편지를 보냈지만 정작 자신은 이 말과 모순된 경험을 했다. 릴케는 독일의 작가 루 안드레아스 살로메Lou Andreas-Salomé를 사랑했다. 살로메가 어떤 남성과 정열적으로 만나면 9개월 후에 그 남성이 책 한 권을 썼다고 혹자는 말했다. 실제로 살로메와 친교가 있던 니체도, 릴케도 그녀에게 영감을 받아 책을 쓰고 시를 지었다.

릴케는 어느 날, 살로메를 위해 사랑의 징표로서 또한 열심히 공부했다는 증거로서 이탈리아에 대한 인상을 일기로 써서 그녀에게 보내겠다고 약속했다. 그러한 약속으로 탄생한 책이 『피렌체 일기Das Florenzer Tagebuch』다.

이 서간을 일본어로 번역한 철학자 모리 아리마사森有正는 "일이란 진심으로 사랑하고 존경하는 사람에게 보여 주고 기쁨을 주기 위해서 하는 것이다. 그 이외의 이유는 전부 거짓이다."
라고 말했다(『바빌론의 흐름 곁에서バビロンの流れのほとりにて』).

어떤 일도 그것을 달성하기 위해서는 시간과 에너지가 필요하다. 그리고 그 과정에서 고통도 느끼게 마련인데, 사랑하는 기쁨은 그 괴로움을 보충하고도 남는다. 릴케는 살로메에게 영감을 받아 시를 짓고 책을 썼으니까.

그런데 만약 사랑하고 존경하는 사람에게 기쁨을 주지 못하면 어떻게 될까?

모리는 앞서 인용한 말에 이어 "중세 사람들이 하느님을 사랑하고 존경한 까닭에 그 위대한 예술을 만드는 데 평생을 바칠 수 있었다."라고 썼다. 이 말은, 중세 사람들은 연인을 기쁘게 하려고 예술 작품을 만들지는 않았다는 뜻이다. 그렇다면 그들은 누구에게 인정받기를 바란 걸까? 하느님에게 인정받기를 바랐을 것이다. 왜냐하면 그들은 하느님을 믿고 인정받기를 원하여, 어떤 위대한 작품을 만들어도 스스로 만족하지 못하고 그 누구도 아닌 하느님이 기뻐해 주기를 바랐을 것이기 때문이다.

누군가가 기뻐하지 않으면 일하지 않는 것은 문제다. 행여 기뻐해 준다고 하더라도 그것은 어디까지나 결과다. 기뻐해 주기를 바라고 일했는데 기뻐해 주지 않으면 더는 일하지 않을지도 모른다.

'쓰지 않고는 견딜 수 없는가?' 자문해 보라고 한 릴케가 내면의 강한 촉발로 시를 썼다면, 살로메를 굳이 기쁘게 할 필요가 있겠는가?

기뻐하기를 바라는 사람이라도 상대가 기뻐하는 모습을 보는 것은 기쁨이되, 그것을 상대에게 강요하지 않는다면 상대가 기뻐하는 모습을 봄으로써 공헌감을 느낄 수 있을지 모른다. 하지만 상대가 기뻐하는 모습을 보여야만 행동한다면 상대에게 의존하게 된다.

기쁨을 주기 위해 뭔가를 했다고 해서 실제로 상대에게 공헌했다고 할 수는 없다. 이 점을 주의해야 한다. 실제로 상대가 기뻐하는 공헌을 했는지 확인할 필요가 있다. "너를 위해서 했다"라는 말은 절대로 하면 안 된다. 대개는 쓸데없는 행동이기 때문이다.

정신과 의사 가미야 미에코神谷美惠子는 이렇게 말한다.

사랑에 죽고 사는 사람은 상대가 고마워해 하든 말든 자신이 상대의 삶에 필요하다는 것을 느낄 때 강한 삶의 의욕을 느낀다. (『삶의 보람에 대하여生きがいについて』)

상대가 고마워해 하기를 바란다면 인정 욕구가 있다고 봐야 한다. 실제로는 고마워해 하지 않을 수도 있다. 하지만 고마워해 하지 않아도 자신이 필요한 존재라 느끼고 '삶의 의욕'을 강하게 느낀다면, 상대가 고마워해야 한다고 생각하지 않을 것이다.

다른 사람을 기쁘게 한다는 것

아들러는 우울증 환자에게, 어떻게 하면 타자를 기쁘게 할 수 있을지 곰곰이 생각해 보라고 제안했다. 그러자 모든 환자가 실행하기 곤란하다며 이렇게 대답했다.

"내가 기쁘지 않은데 어떻게 타자를 기쁘게 할 수 있단 말입니까?"

치료자의 조언을 실행하기가 망설여진다는 뜻이었다. 이것을 치료 저항이라고 한다. 아들러는 여기서 어떻게 하면 환자의 치료 저항을 줄일 수 있을지 자세히 논한다. 그렇다면 왜 아들러가 우울증 환자에게 그런 과제를 주었는지 살펴보자.

환자는 다른 사람에게 기쁨을 줄 수 없다고 한다. 그렇다면 왜 환자들은 그렇게 저항하는가? 아들러는, 그들이 타자를 기쁘게 하기는커녕, 어떻게 하면 고민하게 만들지만 생각하기 때문이라고 여겼다(『왜 신경증에 걸릴까Problems of Neurosis』).

아들러는 타자를 기쁘게 할 수 있다는 조언의 의미에 대해 다음과 같이 설명했다.

많은 사람이 말한다. '왜 타자를 기쁘게 하지 않으면 안 되는가? 타자는 나를 기쁘게 하려고 하지 않는데?' 나는 환자의 공동체 감각을 늘리는 데 온갖 노력을 했다. 나는 병에 걸린 진짜 이유가 협력하지 않기 때문임을 안다. 그리고 나는 환자에게도 그러한 사실을 알려 주고 싶었다. 친구인 사람과 대등하고 협력적인 입장에서 관계를 맺게 되면 환자의 병은 바로 치유된다. (『삶의 의미란 무엇인가』)

신경증 환자를 치료할 때는 증상에 앞서 생활 양식을 봐야 한다. 그리고 이 생활 양식을 '재구축'해야 한다. 환자는 타자를 기쁘게 해 준 적이 없다. 타자가 자신을 기쁘게 해 주지 않는데, 왜 자신이 타자를 기쁘게 해 줘야 하느냐고 항의할 뿐이다.

하지만 타자가 자신을 기쁘게 해 줄 수 있느냐는 문제가 되지 않는다. 그와 관계없이 자신이 타자를 기쁘게 해 줘야 한다. 타자를 기쁘게 해 줄 수 있으면 '자신이 도움이 되고, 가치 있다고 느끼게' 된다(『왜 신경증에 걸릴까』).

앞에서 살펴본 바와 같이 자신이 도움이 된다고 느끼면(공헌감), 자신이 가치 있다고 생각할 수 있고, 그렇게 생각할 때만이 용기를 낼 수 있다. 즉 인간관계를 맺을 용기를 낼 수 있다.

타자를 기쁘게 하라는 아들러의 조언을 듣고 환자가 그 노력을 시작했다면, 그 목적은 타자에게 인정받기 위해서가 아니다.

자신이 먼저 상대를 기쁘게 하면 그것만으로도 공헌감을 갖게 된다. 그런데 기쁘게 해 주었으니 상대에게 인정받아야 한다고 생각하면, 기쁘게 하려는 마음은 인정 욕구가 된다.

타자에게 인정받음으로써 자신이 가치 있다고 느끼는 것이 아니라, 타자에게 기쁨을 주고 공헌함으로써 스스로 가치 있다고 느끼기를 바란다.

집안일을 통한 공헌감

집안일도 하나의 일이다. 게다가 아주 고도의 전문성이 요구되는 일이다. 다른 가족을 위해 자신이 공헌한다고 느낀다면, 설령 가족이 고맙게 여기지 않아도 괜찮을 것이다.

그런데 왜 자기만 집안일을 해야 하느냐고, 본래 자신의 일까지 희생하면서 해야 할 행위가 아니라고 생각하는 사람이 있다. 그러면 저녁 식사 후 다른 가족이 텔레비전 앞에서 편히 쉬고 있을 때, 왜 자기만 설거지를 해야 되느냐며 불만을 느끼거나 산더미처럼 쌓인 설거지거리를 앞에 두고 자기만 가족을 위해 희생한다며 눈물을 흘리게 된다.

하지만 집안일은 결코 희생적인 행위가 아닌, 가족에게 공헌하는 행위다. 집안일을 함으로써 가족에게 공헌할 수 있고, 그러한 공헌을 통해 자신이 가치 있다고 느낄 수 있다. 그러면 설령 다른 가족이 도와주지 않아도 솔선하여 집안일을 하려고 할 것이다.

 '공헌감을 느끼면 자신이 가치 있다고 느끼고 용기를 낼 수 있어. 그런데 그런 일을 나만 해도 좋을까? 정말로 나만 해도 괜찮을까?'라며 즐거운 표정으로 콧노래를 부르며 집안일을 한다고 상상해 보자. 그러면 다른 가족도 즐겁게 설거지하는 모습을 보며 "그렇게 즐거운 일이라면 나도 도울까?"라고 말해 줄지 모른다. 설령 아무 말 듣지 못한다 해도 공헌감을 느끼면 되는 것이다.

 그런데 나중에 살펴보겠지만 자신이 한 일을 누군가에게 인정받아야 직성이 풀리는, 인정 욕구가 강한 사람은 자신이 한 일을 타자가 알지 못하면, 나아가 그 일을 고맙게 여기지 않으면 용납하지 못한다.

인정 욕구는 필요 없다

어머니가 일찍 돌아가셔서 아버지와 단둘이 산 적이 있다. 그때 나는 스물다섯 살이었는데, 그 나이가 되도록 음식을 만들어본 적이 없었다. 어머니는 내가 공부만 하길 바라서 집안일을 한 번도 시키지 않았던 것이다. 1920년대 말에 태어난 아버지도 (지금은 이런 말을 쓰는 사람이 없겠지만) 집안의 기둥으로서 밖에서 일하느라 바빠 어머니가 세상을 떠날 때까지 음식을 만들어 본 경험이 전혀 없었다. 그래서 아버지와 둘이 살기 시작하고 한동안 매일 외식만 했다.

그 무렵 아버지는 정년이 얼마 남지 않아서(당시는 쉰다섯 살이 정년이었다) 저녁 식사 시간에는 어김없이 집에 와 있었다. 일하던 회사의 사장이 아버지의 숙부였는데, 입사했을 때 사장이 "조카라고 해서 봐주지 않을 거야."라고 했다는 말을 아버지에게서 들은 적이 있다.

물론 열심히 하면 그런 말과 관계없이 승진했을지 모르지만, 아버지는 승진에 별로 관심이 없었던 것 같다. 돌이켜 보면 아버지와 같은 삶도 제법 깔끔하다고 할 수 있다. 아버지가 일을 잘했는지 못했는지 모르지만, 부하 직원이 결혼 중매를 부탁하기도 하고, 회사 럭비부 고문직을 맡았을 때 젊은 사람들과 섞여 럭비 유니폼을 입고 찍은 사진 속 아버지는 즐거워 보였다.

외식만 하던 어느 날, 아버지가 "누군가가 만들지 않으면 안돼."라고 나직이 중얼거렸고, 본인이 그 '누군가'에 포함되지 않는 것은 명백했다. 당시 나는 아버지의 말을 순순히 받아들여 내가 음식을 만들어야 한다고 이해했다.

그때부터 음식을 만들기 시작했는데, 의외로 재미있었다. 그래서 좀 더 일찍 음식을 만들었더라면 좋았을 거라는 생각마저 들었다. 나중에 결혼하고 나서도 나는 음식을 곧잘 만들었다. 그렇다고 음식을 만드는 것이 쉽다는 뜻은 아니다. 음식 만들기는 지금도 여전히 어렵고, 메뉴를 생각해 내는 일은 그보다 더 어렵다. 메뉴를 정해 주면 장보기가 훨씬 수월할 것 같다고 아내에게 이야기했더니 장보기 전에 메모를 건네준 적도 있다. 오늘은 뭘 만들지 고민하지 않아도 될 것 같아 신나서 종이를 펴 보니 이렇게 적혀 있었다. '뭐든 많이'…….

그래도 음식을 만들며 공헌감을 느낄 수 있어 즐거웠다. 하지만 왜 나만 음식을 만들어야 하느냐며 불만인 사람은 공헌감을 느끼지 못하기 때문이다. 공헌감을 느끼지 못해 만족할 수 없는 사람은 집안일뿐 아니라 생활 전반에서 만족을 느끼지 못할 것이다. 이에 대해서는 나중에 좀 더 생각해 보자.

집안일과 바깥일은 비교할 수 없다

나는 비교적 열심히 집안일을 했다. 가족 중 누가 바깥일을 하고, 누가 집안일을 할지는 가족끼리 대화를 통해 정하면 된다. 그때 집안일을 바깥일과 비교해 가치가 덜하다고 생각해서는 안 된다.

바쁜 사람들에게는 가사 대행 서비스를 이용하는 것도 하나의 선택지가 될 것이다. 그런 경우에도 집안일을 자신이 아니어도 할 수 있는 일이라고 여기거나 시시하다고 치부해서는 안 된다. 지금은 가사 대행 서비스를 이용한다고 해도, 언제 자신이 집안일을 하게 될지 모른다. 또 아이에게도 집안일을 가르치는 것이 좋다. 부모가 집안일을 가치가 떨어지는 일이라고 여기면 아이도 집안일에 대해 같은 생각을 하게 된다.

그런데 낮에 밖에서 일하기 때문에 저녁에 집안일을 하지 못하고, 아이도 돌볼 수 없다고 말하는 경우가 있다. 낮에 일하느라 집안일을 못했으면 저녁에 집에 와서 하면 된다. 집안일은 가족 중 특정한 누군가만 하는 일이 아니다. 집안일을 도맡아 하는 사람의 경우, 낮에 밖에서 일하거나 학교에 가는 가족에게 함께 집안일을 분담해서 하자고 요청해도 된다.

경제적 우위는 인간관계의 상하와 관계없다

남편의 부양을 받는 전업주부가 어떻게 남편과 대등할 수 있느냐고 따지는 사람이 있어 놀란 적이 있다. 어린 시절 부모에게 뭔가 요구했을 때 불만 있으면 직접 벌어라, 부모가 학비를 내주고 있으니 부모에게 빌붙어 사는 동안에는 불만을 말하지 마라 등의 말을 듣고 불만을 느낀 사람이 많을 것이다. 그런데 대부분 어른이 되어 아이를 낳으면 본인이 언제 그랬냐는 듯이 부모와 똑같이 행동한다.

어쨌거나 그런 말을 들으면 아이는 취직할 때까지 경제적으로 자립할 수 없기에 부모가 하라는 대로 해야 한다. 하지만 경제적 자립은 인간관계의 상하와 관계가 없다.

내 경우에는 아이를 어린이집에 데려다주고 데려오는 등 집안일을 도맡아 하느라 경제적으로 우위였던 적이 없는데, 그렇다고 해서 내 가치가 떨어진다고 느끼지는 않았다.

가족의 분업

나는 학생 시절에 결혼했는데, 중매를 해 준 선생님의 아내분이 내게 "청소는 일주일에 한 번만 하면 돼."라고 조언하셔서 놀란 적이 있다. 그분은 내가 학생이니 당연히 청소도 내가 해야 한다고 여겨 나에게 청소하라고 조언한 것이겠지만, 우리 부부는 둘 다 낮에 집에 있지 않아서 그때그때 시간이 나는 사람이 청소를 하는 수밖에 없었기 때문이다.

분업도 당연히 필요하지만, 어느 쪽이 어떤 역할을 분담할지는 정해진 것이 아니므로 잘 의논할 필요가 있다. 남녀의 역할을 고정하거나 남의 눈을 의식하지 말고 각자 자신 있는 분야를 담당하면 된다.

중요한 것은 가족이 분업하고 협력하는 것이므로 누군가가 누군가를 위해 희생한다고 여길 필요는 없다. 각자 가족에게 공헌한다는 의식을 가지면 된다. 공헌감이 있으면 자신이 하는 일이 설령 주목받거나 인정받지 못하더라도 불만을 느끼지 않는다. 만약 인정 욕구가 강해 자신이 한 일이 다른 가족에게 주목받거나 인정받지 못해 불공평한 기분이 든다면, 관계는 당장 악화된다.

오늘날엔 남녀가 함께 밖에서 일하는 것이 드문 일이 아니다. 선택해서가 아니라 밖에서 일하지 않으면 생활해 나갈 수 없는 집도 많을 것이다. 그런데 두 사람이 똑같이 밖에서 일하면서 집안일이나 육아에 협력하지 않는 남성이 많은 듯하다. 그러면 두 사람의 관계가 나빠질 수밖에 없다. 그런 일이 있어서는 안 될뿐더러 분업에 대해 처음부터 대화를 나눌 필요가 있다. 집안일을 희생적인 행위라고 생각하면 관계는 개선되지 않는다. 집안일을 가족에게 공헌하는 것이라고 생각하면 누가 집안일을 더 많이 했느냐 하는 문제로 괜한 언쟁을 벌이지는 않을 것이다.

편의점에서 일하는 젊은 친구에게 일에서는 공헌감을 갖는 것이 중요하다고 이야기했더니, 매일 계산대 앞에서 일해도 아무런 공헌감을 느낄 수 없다고 반론했다. 하지만 자신이 시간을 판다고 생각하면 자신의 일에 대한 견해가 꽤 달라질 것이다. 늦은 밤에 일할 때 볼펜이 떨어지거나 복사할 일이 생겨도 아침까지 기다릴 필요가 없으니 고마운 일이다. 배가 고플 때도 편의점에 달려가면 된다. 그러므로 편의점에서 일하는 것을 그런 일로 방문하는 사람에게 공헌한다고 생각하면 좋을 것이다.

육아를 둘러싸고

서른 살 때 아이가 태어났다. 1년 후 아내가 직장에 복귀하면서 아이를 어린이집에 맡기기로 했다. 그 무렵에도 어린이집에 들어가는 것이 쉽지 않아서 아이를 키우기 힘든 상황이라는 조건을 충족시키지 못하면 심사에 통과할 수 없었다.

다행히 우리는 아들과 딸을 맡길 수 있었다. 하지만 아이 혼자 어린이집에 갈 수 없어서 내가 아이들을 어린이집에 데려다주고 데려와야만 했다.

당시에는 지금처럼 아버지가 아이를 데리고 오는 집이 없어, 길 가는 사람이 아들과 함께 있는 내게 왜 아버지가 어린이집에 가느냐고 물은 적도 있다. 말해서 알아들을 사람이라면 설명하겠지만 그 사람은 아이를 제대로 돌보지 않는 부모를 대신해 낮에 돌봐주는 곳이 어린이집이라 생각하는 듯해서 대충 얼버무렸다. 더욱이 아이는 어린이집에 맡기지 않고 엄마가 직접 키워야 한다는 당시의 상식과도 싸워야 해서 내 사정을 자세히 설명하고픈 생각도 들지 않았다. 그리고 아이가 뭔가 문제를 일으키려고 하면 애정 결핍이 원인이라고 나를 몰아세우는 사람도 있었다.

이 책의 주제에서 벗어난 내용이라 자세히 쓸 수는 없지만, 아이가 어린이집에서 일으키는 문제 행동은 애정 결핍과 하등 관계가 없다. 어린이집에 있던 아이와 선생님 간에 벌어진 문제

일 뿐이다. 따라서 아이가 어린이집에서 한 행동에 대해 부모가 비난받아도 부모로서는 아무 것도 할 수가 없다.

이제는 애정 결핍에 걸린 아이가 거의 없다고 해도 과언이 아니다. 부모 입장에서는 과보호와 지나친 간섭이 문제고, 아이 입장에서는 충분히 사랑받고 있는데도 더 사랑받기를 바라는 애정 기아가 문제다.

이를 이해하지 못하는 선생님이 많았고, 그런 역풍 속에서도 아이를 어린이집에 맡기고 일하는 어머니가 많았다. 게다가 엄마가 바라는 대로 순순히 등원하지 않는 아이와 씨름하는 모습도 자주 보았다. 이처럼 육아와 일을 함께 하려면 쉽지 않을 텐데도 부모들은 전혀 고민하지 않는 것 같았다.

그 이유는 아이를 데려가고 데려오는 부모들이 육아와 일을 함께 하는 것에 공헌감을 느끼기 때문일 것이다. 이 공헌감이 일의 본질이다. 바깥에서의 일도, 집안 살림과 육아도 자신이 누군가에게 도움이 된다고 느끼고 자신의 가치를 실감할 수 있기에 하는 것이다.

그렇게 생각하면 어떤 일을 하느냐는 큰 문제가 되지 않는다. 그보다는 일에서 공헌감을 느낄 수 있느냐가 중요하다. 당신은 지금 하는 일에서 공헌감을 느끼고 있는가?

제 2 장
당신의 가치는 '생산성'에 있지 않다

제1장에서 다음과 같은 아들러의 말을 인용했다.

내가 가치 있는 사람이라고 생각되는 순간은 내 행동이 공동체
에 유익할 때뿐이다. (『아들러 강연』)

나는 여기에서 '행동'을 '일한다'로 해석하고, 내가 일함으로
써 공동체를 이롭게 할 때 자신이 가치 있다고 느낀다는 의미로
이해했다. 자신이 가치 있다고 느낄 때 인간은 인간관계 안에
들어갈 용기를 내고, 인간관계 속에 있을 때야말로 살아가는 기
쁨을 느끼고 행복해질 수 있는 것이다.

여기서 한 가지 의문이 생긴다. 자신이 가치 있다고 생각되
는 것은 '행동'이 공동체를 이롭게 할 때뿐인가. 만약 그렇다면

인간은 늙거나, 혹은 젊더라도 어딘가 다치거나 병에 걸려서 몸이 말을 듣지 않고 자유롭게 움직이지 못하면 더는 타자에게 이로운 행동을 할 수 없게 되어 버린다.

요즘엔 수명이 길어지면서 정년퇴직 후의 인생도 길어졌다. 언제까지나 건강한 사람이 있는가 하면, 늙고 병들어서 몸이 말을 듣지 않아 젊은 시절처럼 일할 수 없는 사람도 있다. 그럴 때는 타자에게 이로운 행동을 하지 못하게 된 자신이 가치 없어졌다고 여기는 사람이 많을 텐데, 과연 그런지 생각해 봐야 한다.

이 책에서 나는 '일하는' 것에 대해 생각하고 있다. 그런데 '일하지 않는' 것에 대해 생각해 봄으로써 일하는 것의 본질을 볼 수 있지 않을까 싶다.

일이 아닌 데서도 자신의 가치를 찾을 수 있다

일이 전부라 믿고, 일하는 데서만 자신의 가치를 찾는 사람은 일하지 못하게 되면 깊은 상처를 받는다. 그러나 일이 아닌 다른 데서도 자신의 가치를 찾는 사람은 일하지 못하게 되었을 때도 자신이 가치 있다고 생각하기 때문에 크게 상처받지 않을 것이다. 그러므로 일하지 못하는 상황이 되기 전부터, 일하는 데서만 자신의 가치를 찾는 삶을 살지 않는 것이 중요하다.

일하지 못하게 되었을 때

아들러는 이제 자신이 필요 없어지는 것 아닐까 걱정하는 노인은 자식의 말을 무엇 하나 거절하지 못하는 온순한 노인이 되거나 시끄럽고 잔소리 많은 비평가가 된다고 말했다.

그러면서 그렇게 느끼지 않도록 "육십, 칠십 혹은 팔십이 된 사람에게조차 일을 그만두라고 권해서는 안 된다."라고 했다(『아이의 교육The Education of Children』).

아들러 시대라면 이 말이 새롭게 들렸겠지만, 오늘날에는 이런 제안이 당연하게 들릴지도 모른다.

내 아버지는 쉰다섯 살에 정년을 맞이한 후 10년간 촉탁직으로 일하셨다. 나도 이제 쉰다섯 살을 훌쩍 넘겼으니 옛날 사람들은 꽤 젊은 나이에 은퇴했구나 싶어 놀랐다.

물론 지금은 옛날보다 오래 일하게 되었다고 해도, 체력뿐 아니라 지력이 쇠퇴해 일을 계속하지 못하는 사람도 있다.

노년이 되면 지력과 체력이 쇠퇴한다. 그렇다고 해서 스스로 살 가치가 없다며 실의에 빠질 필요는 없다. 지력과 체력의 쇠퇴는 나이가 들면 나타나는 자연스러운 현상이기 때문이다. 아들러는 진짜 문제는 사람을 평가할 때 일의 가치가 우선시되는 것이라고 말했다. 일로 평가하게 되면 나이가 들어 지력과 체력이 쇠퇴했을 때 스스로 살아갈 가치가 없다고 여기게 된다(『신경질적 체질Über den nervösen Charakter』). 특히 직책의 상하가 인간관계의 상하로 간주되는 조직 안에서 살아온 사람에게 자리가 없어진다는 것은 가치 없는 존재라고 선고받는 것과 다름없다. 그렇게 생각하는 사람은 퇴직 후 실의에 빠져 하루하루를 보내게 된다.

젊은 시절부터 교사로 일해 온 사람 중 퇴직 후에 선생이라 불리지 못한다는 사실에 놀라는 이도 있다. 지금은 옛날만큼 학교 교사가 존경받지 않을지 모르지만, 대학을 마친 뒤 줄곧 교사로 일해 온 사람은 퇴직 후 선생이라 불리지 않는다는 사실에 매우 동요한다.

어떤 공동체에 소속되길 원하는 것은 인간의 기본적 욕구다. 그래서 취직한 후 줄곧 대부분의 시간을 보낸 조직과 결별하면 불안을 느끼는 사람이 많다. 직장에 갈 필요가 없다는 상황이 인생의 큰 위기로 작용하는 것이다.

물론 퇴직 후 유유자적한 생활을 보내리라 기대하는 사람도 있겠지만, 일을 그만둘 시점엔 더 이상 젊지 않기 때문에 딱히 큰 병에 걸리지 않았더라도 건강에 자신 없으면 할 수 있는 일에 한계를 느끼게 된다.

앞에서 본 것처럼, 아들러는 노인 주변인들에게 노인이 공헌감을 잃지 않도록 일을 빼앗지 말라고 말했지만, 이것이 받아들여질 거라고 기대하기는 어렵다. 그렇지만 설령 그만두라는 말을 들어도, 또 그런 말을 듣지 않아도 나이가 들거나 병에 걸려서 일하지 못하게 되었을 때, 일을 하든 하지 않든 관계없이 자신이 가치 있는 사람이라고 여기기 바란다.

예를 들어, 자식 입장에서는 나이 든 부모가 자동차를 운전하면 사고를 일으키지 않을까 걱정되지만, 자존심 강한 부모라면 주변에서 운전을 단념하라고 해도 동의하지 않을 수 있다. 그저 차 운전은 위험하니 그만두라는 말만으로는 부모의 의지를 꺾기 어렵다. 여전히 자신 있다고 저항할 것이 틀림없다. 그럴 땐 운전하지 않더라도 가치가 없어지는 것은 아니라는 사실을 깨닫게 해드려야 한다.

젊지 않다는 것을 받아들인다

노년기의 위기를 극복하려면 나이가 들었음을 받아들여야 한다. 잃어버린 젊음을 한탄할 게 아니라, 이런저런 일을 하지 못하더라도 어떤 형태로든 주변 사람에게 공헌할 수 있다고 생각해야 한다. 그러기 위해서는 자신이 젊지 않다는 사실을 받아들이고, 움직일 수 없거나 할 수 없는 일이 늘어나도 자신이 가치 있다고 생각해야 한다.

젊은 사람과 다르지 않고 똑같이 일할 수 있다며 자신은 전혀 노쇠하지 않았다는 걸 보여 주려고 기를 써 봤자 소용없다. 무슨 일이든 증명해야 한다고 생각했을 때는 이미 도를 넘은 것이다.

뭔가 특별한 일을 하지 못해도, 젊은 시절에 할 수 있었던 일을 할 수 없게 되어도 자신의 가치가 조금도 줄지 않았다고 여기려면 젊은 시절부터 자신의 가치를 일하는 것에서만 찾지 않는 것이 중요하다.

치매는 뇌질환이지만, 심리적 측면도 있는 것으로 보인다. 자신의 가치를 능력 면에서만 인정해 온 사람은 나이가 들면서 할 수 있는 일이 줄거나 건망증이 심해지면 그 현실을 받아들이지 못하고 치매로 도피하기도 한다.

데이케어 센터의 사례

어느 정신과 클리닉의 데이케어day care* 센터에서 일한 적이 있다. 데이케어 센터에는 대체로 하루에 50명가량의 조현병(구 정신분열증) 환자가 다녀간다.

다른 날에는 어떤 프로그램이 있는지 모르지만, 내가 일주일에 한 번 출근하는 날에는 모두가 음식을 만들었다. 모두가 장을 보러 가고 함께 음식을 만듦으로써 사회 복귀에 도움을 주는

---

* 장애가 있는 노인을 주간에만 맡아서 기능 회복이나 생활 지도를 하는 서비스를 가리킨다.

것을 목적으로 했다.

이 프로그램의 목표를 앞서 아들러가 했던 말을 인용해 다음과 같이 설명할 수 있다. 일을 통해 '자신을 타자에게 유용한 존재'로 인식하고, 그러한 과정을 통해 공헌감을 느낄 수 있으면 열등감이 완화된다. 나아가 적극적인 말투를 쓰며, 자신이 가치 있다고 느끼면 일하는 것을 비롯해 인간관계 안에 들어갈 용기를 낼 수 있다.

어느 날 메뉴를 발표한 뒤 가까운 슈퍼마켓으로 장을 보러 갔다. 하지만 직원과 함께 장을 보러 가는 사람은 얼마 안 돼 늘 50명 중 대여섯 명이 고작이었다.

장을 다 보고 돌아와 드디어 음식 만들기에 착수했다. "자, 음식을 만들겠습니다. 도울 수 있는 사람은 도우세요."라고 요청했지만, 50명 중 20명가량만 나서서 도와주었다. 즉 절반 넘는 환자가 요리하는 동안 아무것도 하지 않았다. 50명분의 음식을 만들려면 노동량이 엄청나다.

점심시간이 되어 음식이 다 되었음을 알리자, 어디에서 나타났는지 삼삼오오 모여들어 다 함께 식사를 했다. 그런데 이렇게 절반 넘는 환자가 음식을 만들려고 하지 않았는데도 장을 보고 요리를 한 환자 중 누구도 불평하지 않았다. 환자들 사이에 오늘은 컨디션이 좋아서 일할 수 있지만 내일은 어떻게 될지 모르니 오늘 일할 수 있으면 하자는 암묵적 이해가 잠재해 있기 때문이다.

그래서 힘없이 누워 있는 사람을 봐도 누구 하나 뭐라고 하지 않았다. "일하지 않는 자, 먹지도 마라."라고 으스대며 말하는 사회보다 훨씬 건전하다고 할 수 있다.

논리적으로 따질 수 없는 것도 있다

나는 2006년 4월 심근경색으로 입원했다. 그 당시 나는 상근직을 그만두고 프리랜서로 책 집필과 번역, 카운슬링 등을 하며 비상근 강사로 일하고 있었는데, 그러는 사이 건강이 나빠졌던 것이다. 하지만 몸의 소리에 귀를 기울이지 않았다. 지금 돌이켜 보면 바로 병원에 가야 했는데도 몸 상태를 내 맘대로 해석하고 검사를 받지 않았다. 결코 갑자기 나타난 병이 아니었다. 그러다 결국 구급차를 타고 병원에 실려 가고 말았다.

다행히 목숨은 건졌으나 입원하는 바람에 일을 하지 못했다. 책을 읽는 것은 물론, 음악도 듣지 못한 채 하루 종일 집중 치료실 침대 위에서 옴짝달싹 못하는 상태로 보냈다. 아무튼 몸의 방향을 바꾸는 것조차 허락되지 않아서 몇 시간마다 간호사의 손을 빌려야 했다.

상태가 조금 나아지자 책을 읽고 싶었다. 책을 읽어도 된다는 의사의 허락이 떨어지자, 평소에 바빠서 읽지 못했던 책을 잔뜩 읽으리라 마음먹고 식구들에게 부탁해 집에서 책을 가져

왔다.

어느 날 주치의와 퇴원 후의 일에 대해 이야기를 나눴다. 그때 주치의가 말했다.

"일을 제한해야 합니다. 하지만 어떤 일은 받아들이고 어떤 일은 거절할지 논리적으로 따질 수는 없어요. 그런 건 마음이 가는 대로 결정할 수밖에 없습니다. 책은 쓰면 좋겠지요. 후세에 남는 데다 성취감도 있으니까요."

나는 이때 병을 이유로 일을 거절해도 좋을지 물었다. "물론 거절하세요"라는 대답이 돌아왔다. "어떤 일을 하고 어떤 일을 하지 않을지 논리적으로는 정할 수 없어요"라는 의사의 말이 내게는 재미있게 들렸다. 어떤 일을 하고 어떤 일을 하지 않을지는 논리적으로 따지지 말고 마음이 가는 대로 결정하라는 뜻임을 알았기 때문이다.

물론 내 마음대로 정하면 일을 부탁하는 사람이 서운해 할수도 있을 것이다. 하지만 나는 그동안 들어오는 일은 반드시 해야 한다고 생각해 왔던 터라 의사의 말을 듣자 마음이 편안해졌다.

어느 날 작가 사와키 고타로沢木耕太郎에게 동료 작가인 미즈카미 쓰토무水上勉가 중국에 함께 가지 않겠느냐고 제안했다. 중국 측에서 정식으로 초대한 국빈 대우를 받는 방중단의 일원으로서였다. 하지만 그 기간에 사와키는 한 작은 도서관에서 강연을 하기로 예정되어 있었다. 사와키가 그러한 사정을 털어놓자, 미즈카미는 그런 작은 곳과의 약속이야말로 중요하게 여기지 않으면 안 된다고 대답했다(『246』).

아마도 작은 규모의 강연에서는 사와키가 평소 여는 대규모 강연회만큼 강연료를 지급하지 않았을지도 모른다. 그러나 강연자는 어떤 경우에도 전력을 다해 강연하기 때문에 조건은 그리 중요하지 않다. 미즈카미가 말하는 '작은 곳과의 약속'은 무엇과도 바꿀 수 없는 귀중한 배움의 기회가 되기도 한다. 그래서 나도 그런 제안을 종종 받아들일 때가 있다.

세상에는 논리적으로 따질 수 없는 것이 많다. 예를 들면 에베레스트에서 무산소 단독 등정에 도전했던 등산가는 목적을 달성하기 위해 휴대할 짐을 최대한 줄이고, 쓸데없는 체력 소모를 피하려 할 것이다. 하지만 도중에 부상당한 등산가를 본다면, 등정에 성공하는 것이 우선이라며 다친 사람을 내버려 둔 채 가버리지는 않을 것이다.

일에 목적이 있는가

릴케는 "필연에서 탄생한 예술 작품이라면 훌륭한 작품이다."라고 말했다(『젊은 시인에게 보내는 편지』). 본래 시는 쓸 수도 있고 쓰지 않을 수도 있다. 그렇다면 왜 시를 쓸까?

릴케가 필연에서 탄생한 것이 예술 작품이라고 했을 때, 그것은 내면에서 촉발되어 '쓰지 않고는 견딜 수 없다'는 뜻임을 1장에서 보았다. 자신의 글(그림)에 대한 평가와 이로써 얻을지도 모르는 보수는, 쓴다는 것의 필연성에 따른 결과일지언정 쓰는 목적이 될 수 없다. 고흐와 고갱은 생전에는 거의 평가를 받지 못했다. 그래도 그들이 그림을 그린 이유는 평가나 보수와 관계없었기 때문일 것이다.

아들러는 그림을 그리는 것에 대해 다음과 같이 말했다.

> 누군가 자신의 목적을 알고 있다면 그의 정신 활동은 마치 그에 따라 행동할 수밖에 없는 어떤 자연법칙이 있는 것처럼 그에 굴복하게 된다. 정신 활동에는 자연법칙이 없는 것이 확실하다. 하지만 사람이 스스로 정신 활동의 법칙을 만들어 낸다. 어떤 것이 자연법칙처럼 보이는 것은 그의 인식 착오일 뿐이다. 그가 불변성과 규정성을 확인할 수 있다고 믿고 그것을 증명하려 한다면 그것은 속임수다. 예를 들어 어떤 화가가 그림을 그리고자 한다면 우리는 그에게서 그런 목표를 앞에 둔 사람들이 보통 하게 되는 모든 비슷한 태도를 발견할 수 있을 것이다. 그는 마치 자연법칙에 따르는 것처럼 예상된 결과에 들어맞는 모든 필요한 작업을 할 것이다. 그렇다면 그는 그 그림을 꼭 그려야만 하는 걸까? (『아들러의 인간이해』)

그림을 그린다는 행위만 놓고 보면 모든 것은 자연법칙처럼 일관되게 설명할 수 있다. 하지만 애초에 그림을 그릴지 말지는 돌이 낙하하는 현상과 달리 인간이 자유의사로 선택하는 것이다. 따라서 그림을 그릴 수도, 그리지 않을 수도 있다.

시를 쓸 때도, 그림을 그릴 때도 쓰기(그리기) 위한 도구, 혹은 원고용지나 캔버스가 필요하다. 또 뭔가를 쓰려면(그리려면) 아이디어가 있어야 한다. 하지만 애초에 무엇을 위해 쓸 것인지(그릴 것인지), 즉 목적이 없으면 아무것도 쓸(그릴) 수 없을 것이다.

아리스토텔레스는 그 행위의 목적으로 자신의 즐거움과 그 즐거움을 파는 것을 예로 들었는데, 그는 이 목적을 다른 말로 '선善'이라고 했다. 그 '선'이 무엇인지는 사람에 따라 다를 것이다.

앞에서 본 것처럼 릴케는 젊은 시인 카푸스에게 쓰지 않고는 견딜 수 없는, 오로지 내면적 촉발에 의해 시를 쓰라고 권유했다. 하지만 편집자에게 보내고 잡지에 싣는 등 생계를 위해 시를 쓰는 사람도 있을 것이다.

그런 이유들 때문에 아들러는 일의 목적으로 타자 공헌을 든 것이다.

효율이나 성공보다 중요한 것

인간은 뭔가 하려고 할 때 목표나 목적을 내세운다. 그런데 그 목표를 달성하기 위해 유용한 일만 하려 든다면 문제다. 도구나 기계는 다른 무엇보다 목적적이다(목적을 위해 만들어진다). 그러한 것은 특정한 목적을 '위해'서만 만들어지고 움직이기 때문이다. 칼은 자른다는 목적이 있다.

그런데 인간에게는 미리 정해진 목적이 없다. 무릇 목적은 스스로 정해야 한다. 하지만 목적을 달성하기 위해 오로지 목적을 이루는 데 유용한 행동만 하는 게 아니라 쓸데없어 보이는 일도 하는 것이 인간과 기계가 구별되는 점이다. 인간에게는 자유의사가 있기 때문이다.

인간의 삶이 반드시 효율적이어야 한다고 생각하지는 않는다. 인생의 최종 목적지만 똑똑히 확인하면 에둘러 가도 좋다. 목적지에만 도착하면 장땡이라는 말이 아니다. 여행하면서 목적지에 도착할 때까지 내내 잠만 잔다면 얼마나 시시하겠는가. 경치도 즐기면서 가야 좋지 않겠는가. 그느라 목적지에 늦게 도착할 수도 있고, 아예 도착하지 못할 수도 있지만 말이다. 때로는 합리적이지 않은 판단을 해야 하는 경우도 있다.

일하는 목적을 성공과 돈에 두는 사람이 많다. 그런 사람을 보면 성공만 하면 되는 걸까, 돈만 벌면 되는 걸까 의문이 든다.

어떤 목적이나 목표를 달성하는 데만 초점을 맞추면 중요한 것을 놓치게 된다. 효율이나 이익만 중시해도 마찬가지다. 때로는 결과가 나오지 않을 수도 있고, 예상보다 시간이 걸리기도 한다. 그러나 결과를 내는 것보다 거기에 이르는 과정이 더 의미 있지 않을까? 실제로 많은 목표가 달성되지 못한다. 그렇다고 실현하지 못한 목표가 전부 무의미한 것은 아니다.

성공은 인생의 목표가 아니다

우리는 일을 비롯한 뭔가를 할 때 목표를 설정한다. 그 목표는 자신이 소속된 조직의 목표가 아니다. 조직에서 일방적으로 주어지는 것도 아니다. 목표란 본래 일을 달성하기 위해 설정하는 것이다. 그런데 목표가 고정되면 일이 자신을 옭아매고 인생을 구속하게 된다.

일이란 삶을 영위하는 행위 중 하나다. 몇 번이나 살펴보았지만, 일하는 것도 삶을 영위하는 행위 중 하나이므로 과도한 부담을 느끼거나 자기답게 살기 어렵다면 그 일에 대해 재고할 필요가 있다.

일에서의 성공이 인생의 목표는 아니다. 일을 해서 돈을 벌지 않았다면 하루하루 식사도 제대로 하지 못했을 거라고 말하는 사람도 있을 것이다. 하지만 돈을 버는 것, 또 나라의 경제가 좋아지는 것이 풍요로움인가 하는 점에서 보면 꼭 그렇지는 않다. 진정한 풍요로움은 돈이나 경제와 무관하다. 학생 시절, 책을 자유롭게 살 수 없었지만 그 무렵의 내가 불행했다고는 생각하지 않는다.

소크라테스의 사상을 이어받은 견유학파犬儒學派●의 철학자 중 한 사람인 디오게네스는 아무것도 소유하지 않고 나무 통 안에서 살았다고 전해진다. 그가 가지고 있던 것은 물을 마시기 위한 사발뿐이었다.

그런데 어느 날 디오게네스는 강물을 맨손으로 떠 마시는 아이를 보고 "나는 이 아이에게 졌다."라고 외치며 그 사발까지 버렸다.

만물의 기원이 물이라고 주장한 고대 그리스의 철학자 탈레스는 어느 날 천문학을 통해 다음 해 올리브 농사가 풍작이 되리란 사실을 알았다. 그래서 겨우내 그 근방의 올리브유 짜는 기계를 몽땅 빌렸다.

여름이 오고 올리브를 수확할 시기가 되자 기름 짜는 기계가 없다는 것을 깨달은 사람들은 탈레스에게 달려가 기계를 빌렸다. 탈레스는 순식간에 막대한 이익을 얻었다. 철학자는 예나

● 자연과 일치된 자연스러운 삶을 추구하는 그리스 운동을 따르는 학파로, 키니코스파(Cynicos)라고도 한다.

지금이나 청빈한 생활을 할 수밖에 없다. 당시 가난하다고 손가락질 받았던 탈레스는 이제까지 관심이 없을 뿐이지 원하기만 하면 쉽게 돈을 벌 수 있음을 보여 주었다(디오게네스 라에르티오스Diogenes Laertios, 『그리스 철학자 열전De cla020 philosophorum vitis ect』).

탈레스는 이러한 행동을 통해 인생에서 중요한 것은 돈 외에도 있으며, 돈을 버는 것이 인생에서 중요한 가치가 아님을 가르쳐 주고 싶었던 것이리라.

성서에는 영원한 생명을 얻으려면 어떻게 해야 좋을지 예수에게 물었던 사람의 일화가 나온다(「마가복음」). 어린 시절부터 율법에 쓰인 모든 법규를 철저히 지켰던 그 사람에게 예수는 말했다.

"네게 아직도 한 가지 부족한 것이 있으니 가서 네게 있는 것을 다 팔아 가난한 자들에게 주라."

그러자 그의 표정이 어두워지더니 슬픈 표정을 하고 돌아갔다. 그는 엄청난 부자였기 때문이다.

예수는 영원한 생명을 얻기 위한 형식상의 절차로 가진 것을 전부 버리라고 요구한 것이 아니다. 소유물과 돈에 사로잡히지 않는 것의 중요함을 가르쳐 주려 했던 것이다.

생명보다 중요한 것

내 심근경색 이야기로 돌아오면, 나는 어느 날 아침 일찍 쓰러져 구급차에 실려 병원으로 이송되었다. 다행히 마침 그날 당직 의사가 심장카테터법cardiac catheterization*의 일인자라서 치명적인 상태에 빠지지는 않았지만, 심장 근육 부분이 괴사되었다. 이것은 결코 완치되지 않는 병이라서 퇴원한 뒤에도 예전처럼 일하는 것은 불가능했다.

그래서 나는 어쩔 수 없이 일을 제한할 수밖에 없었다. 주치의는 어떤 일을 얼마나 제한할지 정해진 것은 없다고 말했다.

입원 중일 때 출판사에서 교정쇄가 도착했다. 편집자는 내가 입원한 사실을 알지 못했다. 그러나 입원하고 있어서 교정을 볼 수 없다고 솔직하게 말하지 못하게 가로막는 뭔가가 있었다.

첫째, 릴케의 말을 빌리자면 내면의 촉발로 인해 병에 걸렸어도 어떻게든 책을 내고 싶었다. 둘째, 병을 이유로 마감을 미루면 두 번 다시 일이 들어오지 않을까 봐 겁이 났다. 되돌아 보면 왜 그런 생각을 했는지 이해가 안 되지만, 그땐 생각이 짧았던 것이 사실이다.

주치의는 내가 위험한 상태에서 벗어나 침대에 일어나 앉자

---

* 심장 내에 카테터(장기 내로 삽입하기 위한 튜브형 기구)를 넣어 심장의 기능이나 혈행 상태를 알아보는 검사 방법

마자 빨간색 볼펜을 들고 교정하는 모습을 보더니 너무 열심히 일하지 말라고만 할 뿐 말리지는 않았다. 오히려 "책은 쓰면 좋겠지요. 그건 후세에 남는 데다 성취감도 있으니까요."라고 했다. 듣기에 따라서는 '죽으면 너는 남지 않지만 책은 남는다'라는 의미로 해석될 수도 있었다. 하지만 그때 나는 분명 책을 남기면 좋겠다고 생각했고, 의사도 무엇을 우선해야 할지 따져서 생각하지 않고 말했던 것이다.

플라톤은 '쓰다가 죽었다scribens est mortuus'고 전해진다. 이 말은 원고는 집필했지만 책이 완성되는 것을 보기 전에 죽었다는 의미로 해석되기도 한다. 입원 중에 나는 이를 플라톤의 상황에 빗대어 문자 그대로 그가 '쓰다가' 숨이 끊어지는 모습을 머릿속에 떠올렸다. 평생 글쓰기를 생업으로 했던 사람에게는 그런 죽음이 잘 어울린다고 생각했다. 그땐 병에 걸려 비통한 와중이라, 건강해지고 나자 그런 생각을 했던 것이 부끄러웠다.

하지만 반드시 비통함만 있던 시기였다고 단언할 수 없는 면도 있다. 막 입원했을 때는 밤에 잠들기 전, 만약 이대로 아침에 눈을 뜨지 못하면 어쩌나 걱정이 많았다. 하지만 점차 의사와 간호사들과 이야기할 기회가 늘고, 때로는 그들을 상대로 상담도 해 주면서 내가 그저 병을 고치기 위해서만 입원한 것은 아니라는 생각이 들었다. 또한 병원이 임시 거처라는 의식이 줄어들자 병을 결코 잊은 것은 아니어도 매일 충분히 만족스러운 기분으로 지낼 수 있게 되었고, 하루를 마무리하는 것도 무섭지 않았다.

입원 중에는 교정을 보거나 심근경색 생환기를 써서 블로그에 올렸다. 언제 죽을지 모르니 하루라도 빨리 교정을 보고 책을 출판해야 한다는 조바심을 더 이상 내지 않게 되었기 때문이다.

생산성으로 자신의 가치를 헤아릴 수는 없다

앞으로 일을 하려는 사람이나 지금 하는 일이 하루 생활의 중심인 사람에겐, 당신의 가치는 생산성에 있지 않다고 아무리 말해도 당장은 이해하지 못할 것이다.

물론 그러한 사람이 앞에서 소개한 데이케어 센터의 사례에서처럼 일할 수 있으면 일하는 게 좋고, 일을 해야 한다. 그래도 인간의 가치는 '무엇을 할 수 있는가'가 아니라 '사는 것 그 자체'에 있다고 늘 마음에 새겨야 한다.

이러한 점은 일뿐만 아니라 다음 장에서 살펴볼 직장에서의 인간관계와도 관련이 있다. 미리 말하자면 인간의 가치를 무엇을 할 수 있느냐는 관점에서 보는 한, 자신에 대해서도 타자에 대해서도 이상적인 모습에서 뺄셈하듯 점수를 깎는 시점으로만 보게 된다.

더 나은 사람이 되는 것을 목표로 하는 것은 문제가 아니지

만, 때로는 목표를 너무 높게 세워 자신이 해야 할 과제에서 도
망치게 될 수 있고, 의욕적으로 일하려는 부하 직원의 용기를
꺾을 수도 있다. 그런 경우라면 문제라 할 수 있다.

바로 결과가 나오지 않을 수도 있다

아버지가 일하던 시절에는 쉰다섯 살에 정년퇴직을 해야 했다
고 앞에서 말했다. 학교를 졸업하고 회사에 취직하면 정년까지
일하는 것을 당연히 여기던 시대였다. 아버지가 다니던 회사는
가족 같은 분위기였다. 한번은 앨범에서 설날에 회사에서 찍은
사진을 본 적이 있다. 지금이라면 설날에 출근하라고 하면 아무
도 나오지 않을 것이다.

　그런 회사라서 그런지 당장 눈부신 결과를 내지 못해도 회
사에서 쫓겨나거나 하지는 않았다. 여기에는 장점과 단점이 있
다. 요즘같이 성과주의를 앞세우는 시대에서는 자리를 보전하
기 힘들 사람도 느긋하게 일할 수 있고, 입사한 지 10년, 20년
지나 비로소 엄청난 성과를 올리는 사람도 있었다.

　요즘 시대엔 슬로 스타터, 대기만성형 인간이 회사에서 자리
를 지키기가 괴로울 것이다. 내가 학생이었을 때, 30년간 한 번
도 논문을 쓴 적이 없는 교수가 있었다. 워낙 특이한 케이스라
지금도 기억하고 있는데, 그를 보면 학문이란 본래 마감이 있고

재촉을 받아야 실적을 낼 수 있는 것은 아니라는 생각이 든다.

학교를 영어로는 school(스쿨)이라고 한다. 이 말은 schole(스콜레)라는 고대 그리스어에서 기인한 것으로, '한가'하다는 뜻이다. 따라서 '바쁜 학교'란 모순이다. 학교가 바쁘다는 것은 말이 안 된다. 학생도 교사도 느긋하게 공부를 하지 않으면 '학교'라고 할 수 없다.

옆에서 보기에는 전혀 일하지 않는 것 같지만 실제로 실적을 내는 사람이 있다.

수학자 오카 기요시岡潔는 어느 해 여름, 홋카이도대학에 초빙되어 이학부 응접실로 쓰던 방을 빌려 연구를 한 적이 있다. 그곳에는 멋진 소파와 안락의자가 있었다. 오카는 뭔가 하려고 움직이는 듯싶다가 10분도 지나지 않아 소파에서 잠들곤 했다. 학교에서 잠만 잔다고 이학부 안에 소문이 날 정도였다.

그런데 돌아갈 때가 다 된 9월 어느 날 아침, 그는 친구네 집에 초대받아 아침 식사를 하러 갔다. 그때 응접실에 앉아 있는데 당시 착수했던 문제에 대한 생각이 점점 한 방향으로 모아졌다. 그리고 두 시간쯤 앉아 있는 사이 어디를 어떻게 하면 좋을지 완전히 이해하게 되었다. 홋카이도에 가기 전에는 전혀 해결의 실마리를 찾지 못한 상태였는데 말이다.

대학원생 시절, 강의에 성실히 출석하던 어느 날 "자네들은 내 수업에 열심히 출석하는 것 같은데, 대체 공부는 언제 하는 겐가?"라는 교수의 질문에 놀란 적이 있다. 배우는 기쁨에 흠뻑 빠져 공부하는 학생은 누가 강요하지 않아도 공부를 한다. 그런 학생이 연구자가 되면 당장은 눈부신 성과를 내지 못해도 끝내 대성한다.

학문에만 국한된 이야기라고 여길지도 모르지만, 당장 성과를 내는 것이 당연하다는 이유로 성과주의가 초래하는 문제를 간과하면 안 된다.

아무것도 하지 않아도

『신약 성서』 중 「마태복음」에도 「마가복음」에도 없고, 오로지 「누가복음」에만 기록된 예수의 일화가 있다.

예수 일행이 순례하는 도중에 어느 마을에 들어가게 되었다. 그러자 마르다라는 여자가 예수를 집으로 초대했다. 그녀에게는 마리아라는 여동생이 있었다. 마르다가 예수 일행을 대접하느라 쉴 새 없이 일하는 동안 마리아는 주(예수)의 발밑에 앉아서 그가 하는 이야기를 열심히 들었다. 마르다는 주에게 다가가 말했다. "주님, 제 동생이 저에게만 일을 떠맡기는데, 이것을 보시고도 가만두십니까? 마리아더러 저를 좀 거들어 주라고 일러 주십시오." 예수가 대답했다. "마르다, 마르다, 너는 많은 일에

다 마음을 쓰며 걱정하지만 실상 필요한 것은 한 가지뿐이다. 마리아는 참 좋은 선택을 했다. 그것을 빼앗아서는 안 된다."

독일의 신비주의자인 마이스터 에크하르트Meister Eckhart는 '낙관적 삶과 활동적 삶에 대하여'라는 설교 중에 이 일화를 예로 들었다(『설교집Die Predigten』). 마르다는 마리아가 '행복감'에 젖어 멈추어 선 채 앞으로 한 걸음도 나아가지 않을까 봐 걱정되었을 것이라고 에크하르트는 해석했다. 때로는 일하지 않고 멈추는 것이 필요하다.

나는 만년에 치매에 걸린 아버지를 돌보았다. 돌봤다고는 해도 하루의 대부분을 거의 아무것도 하지 않은 채 보내는 날이 많았다. 그저 아버지 곁에 있을 뿐이라서 아버지에게 전혀 힘이 되지 않는다고 생각했다.

차츰 아버지는 식사 시간 외에는 잠만 잤다. 그사이 나는 일을 할 수 있어서 아버지를 보살피기 위해 시간을 들이는 것보다야 솔직히 고마운 일이었으나, 그저 함께 있는 것만으로 과연 아버지를 돌봤다고 할 수 있을지 고민이었다.

그래서 어느 날 아버지에게 말했다.

"하루 종일 주무시니 안 와도 되겠어요."

나의 말에 아버지는 뜻밖의 대답을 하셨다.

"아니야, 네가 있어서 나는 안심하고 잘 수 있단다."

그러고 보니 나도 심근경색으로 쓰러졌을 때, 퇴원해서 낮에 혼자 있으면 불안했다. 아무것도 하지 않은 채 곁에 있어 봤자 아무런 도움도 되지 않는다고 생각하는 것은 가치를 생산성으로만 따지는 사회의 상식에 사로잡혀 있기 때문이다.

제3장

직장 내 인간관계 개선을 위하여

일 자체는 싫지 않다. 오히려 일이 즐겁다고 해도 과언이 아니다. 그런데 직장에서의 인간관계가 못 견디게 싫다고 푸념하는 사람이 많다. 상사는 큰 소리로 질책하고, 동료는 질시의 눈초리를 보낸다. 그뿐인가, 회사 내에 근거 없는 소문이 떠돌기도 한다.

　기분 좋게 일에 열중하려면 직장 내에서의 인간관계를 개선할 필요가 있다. 부하 직원도 고민이 깊겠지만 상사도 부하 직원을 대하느라 골머리를 앓으며 심려가 끊이지 않는다. 이 장에서는 어떻게 하면 직장 내 인간관계를 개선해 쾌적한 직장 생활을 할 수 있을지 고찰해 본다.

문제 행동의 원인을 찾아봤자 의미가 없다

부하 직원이 실수를 반복하는 경우, 상사는 종종 그 부하 직원에게서 문제점을 찾으려고 한다. 어쩌다 질타하면 당장 회사를 그만둔다고 말하는 부하 직원을 보며 상사는 속으로 자신이 젊었던 시절엔 그렇지 않았다고 생각한다. 그러고는 부하 직원이 실수하는 이유는 경솔하거나 집중력이 부족하기 때문이라고 말한다.

직장에서는 부하 직원의 성격에서 실수와 문제 행동의 원인을 찾고, 학교에서는 아이의 성적이 좋지 않거나 문제를 일으키면 대개 가정 환경 탓이라고 말한다.

하지만 부하 직원의 실수는 일을 맡긴 상사에게도 그 책임이 있다. 그런데도 부하 직원의 성격 등을 문제 삼는 것은 상사가 자신의 책임을 회피하려는 것이다. 즉 자신을 안전권에 두려는 것이다.

이것은 마치 학교 선생이 자신이 가르치는 방식은 제쳐 두고, "댁의 자녀분은 내 수업에 따라오지 못하는 것 같으니 학원에 보내세요."라고 말하는 것이나 다름없다. 이런 생각을 하는 한 상사가 부하 직원의 문제에 도움을 줄 수 있는 것은 아무것도 없다.

인간관계 속에서 생각한다

부하 직원의 실수나 문제 행동을 멈추게 하려면 어떻게 하는 것이 좋을까? 이런 생각을 해야 하는 이유가 있다. 상사가 부하 직원에게 적절히 대응하면 직장 내 인간관계가 개선될뿐더러, 부하 직원이 왜 그런 행동을 하는지 이해하면 부하 직원과의 쓸데없는 알력을 피할 수 있기 때문이다. 부하 직원도 자신의 행동을 이해하면 상사와의 마찰을 피할 수 있다.

부하 직원이 실수를 거듭한다면 상사는 자신과 관계있는 것은 아닌지, 부하 직원이 자신에게 맞서 일부러 실수를 거듭하는 '선택'을 하는 것은 아닌지 생각해 봐야 한다. 그것이 부하 직원과의 문제를 해결하는 하나의 돌파구가 된다.

인간의 언행은 아무도 없는 진공 상태에서 이루어지는 것이 아니다. 반드시 향하는 '상대'가 있고, 인간은 그 상대로부터 어떤 응답을 끌어내기 위해 말하고 행동하는 것이라고 아들러는 생각했다.

이 세상에 혼자 산다면 성격도 아무런 문제가 되지 않는다. 아들러는 "인간은 누군가 앞에서, 누군가와의 관계 속에서 성격이 결정된다"고 생각했다. 성격은 타고난 것이 아니라 다른 사람과의 관계 속에서 형성된다. 실제로 앞에 누가 있느냐에 따라 미묘하게 혹은 분명하게 성격이 달라진다고 느끼는 사람도 있을 것이다.

상사가 불합리한 방식으로 부하 직원을 질책할 때는 그 사람의 성격이 아닌, 인간관계 속에서 문제의 해법을 찾아야 한다. 상사는 부하 직원들을 실의에 빠지게 하고, 그들이 반발하는 응답을 끌어내려 한다. 문제는 인간관계 속에 있다. 그렇다면 상사의 분노 상대인 자신이 태도를 달리해 보는 것은 어떨까. 그러면 상사의 태도도 달라질지 모른다. 보통 불합리하게 꾸짖는 상사는 누구에게나 그렇게 대할 것이다. 어쩌면 자기 자신에게 잘못이 있지 않을까 싶어서 그런 식으로 꾸짖는 것일 수도 있다.

이렇게 상사의 태도(의 원인)가 누구를 향하고 있는지 파악하면 상사를 대하기가 어렵지 않을 것이다. 또 상사와의 관계에 변화가 생기면 상사의 태도도 변할 수 있다.

유형을 보지 않는다

또 하나의 문제는 직장에서 상사와 부하 직원, 동료를 볼 때, 선입견의 지배를 받을 수 있다는 점이다. 아들러는 인간을 유형으로 분류하지 않았다. 아들러의 관심은, 말하자면 살아 숨 쉬고 피가 통하는 내 눈앞에 있는 '이 사람'에게 향했다. 그래서 인간을 유형으로 나누기보다는 다른 누구와도 바꿀 수 없는 개인의 독자성에 주목했다.

많은 사람이 분류하기를 좋아한다. 점占 같은 것으로 인간 유형을 분류하는 것은 어느 시대나 인기가 있다. 그런데 직장에서도 이 '분류'를 하는 사람이 있다. 가령, 부하 직원이 상사를 싫어하는 유형이라고 보기 시작하면, 부하 직원의 눈에는 상사가 계속 그런 유형의 사람으로만 보인다. 싫어하는 면만 눈에 들어오고 좋은 면은 전혀 눈에 들어오지 않는다. 하지만 상사도 인간이라서 그러한 분류로는 정의 내릴 수 없는 좋은 면이 분명히 있을 것이다.

상사가 부하 직원이 저지른 실수를 보고 짜증 낼 때, 상사를 주목하지 말고 부하 직원을 보라. 어쩌면 부하 직원이 실수를 통해 상사의 주목을 얻으려는 것일지도 모르니까—별로 연관 없는 이야기라고 할지도 모르지만, 이 가능성에 대해서는 뒤에 설명하겠다.

혹은 자신은 이 일과 직장에 맞지 않는다고 생각해, 실수를 계속함으로써 상사에게도 그렇게 보여 일을 그만둘 결심을 굳히려는 것인지도 모른다.

책임을 진다

그렇다면 이런 경우 어떻게 해야 좋을까? 결론부터 말하자면, 부하 직원이 실수하더라도 장황하게 설교하거나 꾸짖지 말아야 한다. 실수한 일에 대해 아무 말도 하지 말라는 소리가 아니다. 실수한 일에 대해서는 적절한 방법으로 책임지게 한다.

가령 다시 한다거나 가능한 한 원상회복할 수 있게 한다. 원래 상태로 완전히 돌아갈 수 있다면 그렇게 하는 것이 가장 바람직할 것이다. 그러나 예를 들어 어린아이가 우유를 엎질렀다면 바닥은 엎지른 우유를 닦아 원상회복할 수 있지만 엎지른 우유를 원래대로 담을 수는 없다. 일에서도 돌이킬 수 없는 실수를 할 수 있다. 경우에 따라서는 사과로 책임을 대신하기도 한다.

실수는 되도록 피하는 것이 좋지만, 지금까지 한 번도 실수한 적이 없는 사람은 없을 것이다. 일에 따라서는 단 한 번의 실수도 용납되지 않을 때가 있다. 예를 들어 의사나 간호사의 실수는 환자의 생명을 앗아 갈 수도 있다.

하지만 그런 직종에 종사하는 사람이라도 실수 한 번 하지 않는 사람은 있을 리 없다. 인간은 실수를 통해 많은 것을 배우므로, 그런 의미에서 실수는 인간이 성장하는 데 꼭 필요하다고 할 수 있다.

그렇더라도 같은 실수를 몇 번 반복하는 것은 바람직하지 않다. 같은 실수를 되풀이하지 않으려면 그 원인에 대해 상사와 부하 직원이 머리를 맞대고 의논해야 한다. 그것이 책임지는 방법이다. 상사는 부하 직원에게 개선할 점이 있는지 묻고, 만약 모른다면 알려 주고, 알고 있다면 다음번에는 개선할 수 있도록 곁에서 독려해야 한다. 꾸짖어 봤자 부하 직원은 책임지려 하지 않을 것이다. 또한 어떻게 하면 같은 실수를 하지 않을지 깨닫지 못하면 같은 실수를 되풀이할 뿐이다.

부하 직원의 실수는 상사의 책임이다

부하 직원이 일하다 실수하거나 결과를 내지 못하면 그 책임은 기본적으로 부하 직원 스스로 지는 수밖에 없다. 그렇다면 상사는 부하 직원의 실수에 전혀 책임이 없는 걸까? 그렇지 않다. 상사의 지도가 적절했다면 부하 직원은 실수하지 않았을지도 모른다. 자신의 지도 방식이 적절했는지는 따지지 않고 아이를 학원에 보내라고 권유하는 무능한 교사처럼 굴어서는 안 된다.

부하 직원이 실수하면 당연히 상사도 책임 추궁을 당하게 된다. 그래서 많은 상사가 책임을 지지 않고 책임 추궁을 피하기 위해, 부하 직원이 실수하지 않도록 부하 직원을 자신의 지배하에 두려고 한다. 그렇게 함으로써 부하 직원의 실수를 미연에 방지하려는 것이다.

일하다 보면 뭔가를 결정해야 하는 순간이 많다. 그런 경우 상사는 부하 직원의 실수가 자신의 신상에 영향을 미칠까 두려워 부하 직원을 꾸짖어서 자신의 지배 하에 두려고 하는 경우가 있다. 하지만 그 결단이 부하 직원의 인생에 결정적인 역할을 할 수도 있다. 상사는 자기 보신을 위해 부하 직원의 실수를 미연에 방지하는 데만 주의를 기울이지 말고 스스로 결정할 수 있게 해 줘야 한다. 또한 부하 직원이 실력을 발휘할 수 있도록 이끌어 주어야 한다.

꾸짖어도 보람이 없다

꾸짖으면 부하 직원이 분발할 거라 생각하는 상사도 있겠지만, 그런 일은 거의 없다. 꾸짖으면 심리적 거리만 멀어진다. 아들러는 분노를 가리켜 '인간과 인간을 갈라놓는 감정'이라고 말했다. 꾸짖지만 화내지는 않는다, 꾸짖는 것과 화내는 것은 다르다고 말하는 사람이 있다. 화를 내면 안 되지만 꾸짖을 필요는 있다고 하는 사람도 있다. 하지만 인간은 화내지 않고 꾸짖을 정도로 태세 전환에 능하지 않다. 화를 내면 반드시 분노의 감정이 뒤따른다.

부하 직원에게 개선할 점을 가르쳐 줄 때, 상사와 부하 직원의 거리가 멀면 부하 직원은 상사의 말을 순순히 받아들이지 못한다. 상사는 지식이 부족하고, 경험도 충분하지 않은 부하 직원을 지도해야 한다. 그러나 상사와 거리가 벌어지면 상사가 옳은 말을 하더라도 부하 직원은 상사의 말을 받아들이지 못하고 반발하게 된다.

감정적으로 꾸짖지 않았다고 해도 실수 자체를 지적하는 것이 아니라 "자네에게 실망했네"라는 식으로 인격을 부정하는 듯한 말을 하면 부하 직원은 일할 의욕을 잃는다.

부하 직원은 상사가 꾸짖을까 봐 겁나서 실수하지 않으려고 지나치게 신중해질지도 모른다. 자발적으로 머리를 써서 창의적인 아이디어를 내려 하지 않고 지시를 기다리며 먼저 움직이지 않는 '예스 맨'이 될지도 모른다. 그런 부하 직원은 결국 상사가 만드는 것이다.

상사가 부하 직원의 행동을 사사건건 지시하고, 부하 직원도 그 지시에 따라 일하면 큰 문제는 일어나지 않을지 모른다. 하지만 그렇게 할 바에는 부하 직원에게 맡기지 말고 상사가 모든 일을 직접 하면 된다.

그러나 현실적으로는 그렇게 할 수 없다. 상사는 그렇게 할 시간이 없기 때문에 부하 직원에게 일을 맡길 수밖에 없다. 따라서 부하 직원은 전례 없는 일을 해야 할 때도 있다.

한신 대지진이 일어났을 때, 의사인 내 친구는 자원봉사자로 고베에 갔다. 학교 체육관을 대피 장소로 사용했는데, 피난 생활이 계속되면서 목욕을 하지 못해 사람들이 불편을 호소했다.

그래서 체육관에 간이 목욕탕을 설치하려고 공공 기관에 허가를 요청했는데, 전례가 없다는 이유로 안 된다는 답변이 돌아왔다. 하지만 그는 눈앞에 있는 사람들을 돕기 위해 일부러 공공 기관의 결정을 무시했다.

친구는 "안 된다며 못하게 했지만 어차피 난 자원봉사자니까"라며 당시의 일을 말해 주었다.

상사든 부하 직원이든 설령 전례가 없다 해도 자신의 책임하에 적절한 판단을 내려야 할 때가 있다.

꾸지람 듣더라도 주목받고 싶다

'주목받기 위해 실수하다니, 있을 수 없는 일'이라고 생각하는 사람도 있을지 모른다. 하지만 아이들을 생각해 보라. 엄마에게 주목받고 싶어서 위험한 장난을 치다 넘어질 때가 종종 있다. 그리고 자신도 깨닫지 못한 채 어른이 되어서도 이와 같은 행동을 하기도 한다.

만약 부하 직원이 본인도 의식하지 못한 채 상사의 주목을 받기 위해 실수를 한다면, 꾸지람 듣는 형태로 주목받으려는 것이므로 꾸짖어 봤자 소용없다. 그렇다고 실수했을 때 아무런 반응도 보이지 않으면 부하 직원은 주목받기 위해 더욱더 실수를 하게 된다.

꾸짖어도 부하 직원이 같은 행동을 계속한다면 꾸짖는 정도가 부족한 것이 아니라 꾸짖는 것 자체가 효과 없다는 의미다.

이것을 인정하지 못하는 사람이 많다. 교육할 때는 훈계의 관점에서 꾸짖어야 한다, 잘못된 행동을 했을 때는 꾸짖는 것이 어른이나 상사의 역할이라고 큰소리치는 사람도 많다.

하지만 어린아이가 아니라면 자신의 행동이 꾸지람 들을 만한 것임을 알고 있을 것이다. 꾸지람 듣고 싶지는 않지만 무시당할 바에야 꾸지람 듣는 편이 낫다든가, 좋은 결과를 내 봤자 주목받지 못하니 꾸지람 듣더라도 주목받으려는 사람, 다시 말해 꾸지람 들을 걸 뻔히 알면서도 그러한 행동을 하는 사람은 꾸짖으면 꾸짖을수록 문제 행동을 계속한다.

칭찬하지 않는다

한편 절대로 꾸짖지 않고 칭찬만 하는 상사도 있다. 부하 직원을 칭찬해 성장시키는 것이 중요하다고 생각하는 사람이 많은 것 같다. 그런 사람은 꾸짖는 데는 주저해도 칭찬하는 데는 아무런 의문도 느끼지 않는다. 하지만 칭찬에 대해 제대로 이해하면 다른 사람을 선뜻 칭찬하지 못할 것이다.

심근경색으로 쓰러진 지 10년이 지났지만 나는 여전히 2개월에 한 번씩 검사를 받으러 간다. 그때마다 채혈을 하는데, 가끔 어린아이가 어른과 섞여서 채혈하는 모습을 보곤 한다. 자지러지게 우는 아이도 있지만, 대부분의 아이는 꾹 참는다. 그런 아이를 보고 부모와 간호사는 당연한 듯이 착하다며 칭찬한다.

나는 대수술을 받았을 때의 고통은 참을 수 있지만 채혈할 때 피가 쥐어 짜여 나오는 듯한 고통은 참기 어려웠다. 그래도 울지는 않았는데, 채혈이 끝났을 때 만약 누가 "착하지"라고 칭찬했다면 무시당했다고 생각했으리라. 하지만 아이에게는 무심코 칭찬하게 된다. 이 차이는 중요하다.

칭찬은 능력 있는 사람이 능력 없는 사람에게 위에서 내리는 평가의 말이다. 즉 어른이 아이가 울지 않고 용감하게 고통을 견디는 모습을 보고 칭찬하는 이유는 아이가 채혈의 고통을 참을 수 없다고 생각하기 때문이다. 칭찬은 어른이 자기보다 아래로 보는 아이에게 하는 것이다.

이렇게 생각하면 직장에서 상사가 부하 직원을 왜 칭찬하면 안 되는지 알 것이다. 칭찬은 상하 혹은 수직의 인간관계를 전제로 하기 때문이다.

어른끼리도 상대를 자기보다 아래로 보지 않으면 칭찬할 수 없다. 상사와 부하 직원의 관계에서도 자신이 부하 직원보다 위라고 생각하는 상사가 부하 직원을 칭찬한다. 상사가 부하 직원을 대등하게 본다면 칭찬하지 못할 것이다.

만약 상사가 위고 부하 직원이 아래라고 말하는 사람이 있다면 시대를 잘못 태어난 듯하다. 지위가 낮다고 해서 부하 직원이 인간관계의 아래에 있다는 의미는 아니다.

상사는 입사한 지 얼마 안 된 부하 직원보다 지식도 경험도 많은 게 당연하다. 책임의 양도 다르다. 그런 의미에서 상사와 부하 직원은 같지 않다. 지식과 경험 또는 책임의 양이 달라도 어른과 아이가 인간으로서는 대등하듯이. 이런 설명이 필요 없는 시대가 어서 와야 한다.

상사에게 칭찬받으면 기뻐하는 부하 직원은 자신을 무능하다고 여기기 때문에 상사에게 인정받기를 바라는 것이다. 상사가 이런 부하 직원을 따르게 하기는 쉽다. 마음도 편할지 모른다. 하지만 이것은 요컨대 부하 직원을 자신의 하수인이나 졸개로 삼으려는 것이다. 그런 상사는 당연히 부하 직원이 스스로 판단해 행동하는 것을 달가워하지 않는다. 상사의 지시에 따라 상사에게 잘 보이기 위해서만 행동하는 부하 직원은 스스로의 행동이 옳은지 그른지 판단하지 못한다. 늘 지시해 주어야 해서 성가시지만, 부하 직원을 지배할 수 있다면 상사는 그것도 마다하지 않는다.

칭찬받고 인정받기를 바라는 부하 직원은 스스로 자신의 가치를 인정하지 못한다는 의미에서 자립하지 못한 상태다. 그런 부하 직원은 상사에게 의존할 수밖에 없고, 부하 직원이 의존하는 상사 또한 부하 직원에게 의존하게 된다.

꾸짖어도 안 되고 칭찬해도 안 된다. 그러면 어떻게 해야 할까?

부하 직원의 공헌에 주목한다

다음과 같이 하면 된다. 같은 행위라도 그 행위의 적절한 면에 주목하면 그 행위의 부적절한 면에 주목하지 않게 된다.

예를 들어 아이가 아침에 느지막하게 일어난 경우, 늦게 일어났다는 사실에 주목하지 말고 어쨌든 일어났다는 사실에만 주목한다. 침대 안에서 꾸물대지 않고 일어난 것은 부모로서는 고마운 일이다. 일어난 것에만 주목하면 일어난 시간에는 주목하지 않게 된다.

직장에서는 부하 직원의 공헌에 주목한다. 실수가 아니라 일했다는 자체에 주목하는 것이다. 구체적으로 "고마워." "큰 도움이 됐어."라고 말한다. 부하 직원이 일하는 것을 당연하게 여기는 상사라면 인사할 생각조차 하지 못할 것이다.

부하 직원은 지식도 경험도 충분하지 않아서 실수할 수 있다. 예를 들어, 초등학교 교사는 취직하면 바로 담임 반을 맡는다. 하지만 신참 교사에게는 생소한 일이라서 실수할 수도 있고 학부형에게 비판받을 수도 있다. 그럴 때는 상사가 신참 교사를 감싸 줘야 한다. 상사는 부하 직원이 실수했을 때, 그 실수에 적절히 대처해야 한다. 학부형의 요구가 부당하다면 제대로 차근차근 설명하는 것이 상사의 일이다.

그런데 자기 보신에 급급한 상사는 학부형 편에 서서 신참 교사를 나무란다. 이런 경우엔 신참 교사가 일을 그만둬야겠다고 생각해도 이상하지 않다. 갑자기 아침에 "오늘은 쉬겠습니다"라는 연락이 올 수도 있다. 그러면 상사와 동료는 신참 교사를 대신해 수업을 해야 한다.

신참 교사는 연구를 거듭함으로써 교사로서 힘을 기르는 수밖에 없다. 이때 상사가 할 수 있는 일은 신참 교사가 쉬지 않고 출근함으로써 공헌하고 있음에 주목하는 것이다.

그렇다면 왜 부하 직원의 공헌에 주목해야 할까? 1장에서 본 것처럼 그렇게 함으로써 자신이 가치 있다고 생각하기를 바라기 때문이다. 일을 함으로써 공동체(직장)에 도움이 된다고 느끼면 스스로 가치 있다고 여길 수 있다. 자신이 가치 있다고 느끼면 인간관계 안에 들어갈 용기를 낼 수 있다.

부하 직원은 여전히 실수하겠지만 다음부터는 문제에 자신 있게 대처할 것이다. 적어도 부하 직원이 실수함으로써 주목받으려 한다든지, 일을 그만두는 상황으로 자신을 내몰지는 않을 것이다.

공헌감의 악용

공헌감은 어디까지나 스스로 느끼는 것이다. 공헌감이 있으면 자신이 가치 있다고 느낄 수 있고, 자신이 가치 있다고 느끼면 인간관계 안에 들어갈 용기를 낼 수 있다. 일을 인간관계와 떼어서 생각할 수 없으므로 일에도 몰두하게 될 것이다.

그런데 이를 오해하거나 의도적으로 악용하려는 사람이 있다. 부하 직원에게 "회사에 공헌하는 것이 너희의 가치를 높이는 길이다."라고 말하는 상사가 바로 그런 사람이다. 이것이 오해고 악용인 이유는 공헌감은 누군가로부터 받을 수 있는 것이 아니기 때문이다. 공헌감은 오직 스스로 느끼는 것이지, 누군가가(지금의 경우는 상사가) 강요한다고 해서 느끼는 것이 아니다. 따라서 부하 직원이 일에 의욕적으로 몰두할 수 있도록 '공헌감을 갖게 하자'라는 생각은 잘못된 것이다.

이런 강요된 공헌감은 부하 직원을 특정한 조직의 틀 안에 가두고, 그 조직에 이익이 되는 일만 하게끔 내몬다. 그 경우에는 공헌감을 갖는 것이 조직에 대한 충성의 증거가 되거나, 자신이 소속된 조직의 이익만 추구하게 만들어 필연적으로 배타적인 조직이 된다. 아들러가 말하는 '공동체'는 굉장히 넓은 의미이며, 더 큰 공동체의 이해와 저촉될 때는 더 큰 공동체를 우선으로 생각하는 것이 원칙이다.

어디까지나 부하 직원이 스스로 공헌감을 갖는 것이 중요하므로 상사는 부하 직원이 공헌감을 느끼도록 지원해야 한다. 상사가 부하 직원에게 공헌감을 느끼게 하려는 것은 부하 직원을 컨트롤하려는 의도가 있기 때문이다. 그런 의도로 상사가 부하 직원에게 고맙다고 인사하면 부하 직원도 그 인사를 듣고 싶어서 일하게 된다. 혹은 겉보기에 "고마워."라고 인사하기를 기대하지 않는다 해도 열심히 일하는 모습을 상사가 인정해 주기를 바란다.

이리하여 직장 내에서는 상사의 인정을 받기 위해 치열한 경쟁이 벌어지고, 다들 일 자체보다는 이기는 것에 더 집중하게 된다.

상사 입장에서는 상사에게 인정받으려는 부하 직원을 지배하기가 그리 어렵지 않다. 부하 직원은 인정받고 싶어서 상사에게 이의를 제기하거나 적극적으로 자신의 생각을 주장하려 하지 않기 때문이다.

상사가 부하 직원을 질책할 때도 비슷한 일이 벌어진다. 상사를 두려워하는 부하 직원은 지시만 기다릴 뿐 자발적으로 일하려 들지 않는다. 상사는 부하 직원이 스스로 판단해서 일하는 것을 싫어한다. 그런 부하 직원은 자신의 지배 아래 둘 수 없기 때문이다.

평가의 문제

칭찬이나 경쟁에 대해 지적하면 꼭 나오는 질문이 있다. 현대는 경쟁 사회고 조직 안에서도 경쟁을 피할 수 없으니 일을 하면 평가도 저절로 따라오는 것 아니냐는 것이다.

나는 대학에서 오랫동안 학생들을 가르쳐 왔다. 성적을 매기기 위해 학생을 평가해야 했지만, 그것이 시험을 통해서만 가능하다는 뜻은 아니다. 시험을 치지 않아도 평소 강의하는 동안 실력을 파악할 수 있기 때문이다.

나는 고대 그리스어를 가르쳤다. 강의 시간에는 학생들에게 초보자용 교과서에 실린 그리스어를 일본어로 어떻게 바꾸는지 물었다. 그리고 해석이 틀리면 고쳐 주고 필요하면 문법 설명도 했다.

어느 해인가 한 학생을 지목했는데 대답을 하지 않았다. 그 학생에게 왜 대답을 하지 않느냐고 물었더니 이렇게 말했다.

"괜히 잘못 대답했다가 선생님에게 모자란 학생으로 보이고 싶지 않습니다. 대답하지 않으면 제가 잘났는지 못났는지 모르실 테니까요."

나는 설명했다.

"만약 자네가 대답하지 않으면 나는 자네가 어디를 모르는지 알 수가 없네. 내 수업 방식에 문제가 있어서 대답을 못 할 수도 있겠지. 만약 답이 틀리면 당연히 틀렸다고 말할 걸세. 하지만 그것은 인격에 대해 말하는 게 아니야. 잘났는지 못났는지 평가하는 게 아닐세."

그 학생은 다음 수업부터 대답하기 시작했다. 틀리는 것을 두려워하지 않게 되자 실력도 늘었다.

시험 등을 통해 평가하려는 목적이 무엇인지 알아야 한다. 평가하는 목적은 학생 혹은 부하 직원이 얼마나 알고 있는지 실력을 파악하기 위해서다. 현재 실력이 어느 정도인지 알지 못하면 지도 방침을 세울 수가 없다.

그리고 교사나 상사의 지도 방식이 적절한지 확인하기 위해서다. 시험 점수가 낮게 나오면 무조건 학생이나 부하 직원을 무능하다고 탓하는 교사나 상사가 있다. 그런 교사나 상사는 자신의 지도 방식에 문제가 있는지 돌아보려 하지 않는다.

하지만 평가에 대한 생각이 바뀌면 시험을 치는 것이 마냥 편치만은 않을 것이다. 학생, 부하 직원의 성적이 좋지 않은 데는 교사, 상사에게도 책임이 있기 때문이다.

실수를 미연에 방지한다

부하 직원이 실수했다면 상사에게도 책임이 있다. 십중팔구 부하 직원이 지식이나 경험이 부족해서 실수했겠지만, 상사의 지도력 부족도 원인이 될 수 있다. 부하 직원의 실수를 미연에 방지하기 위해서는 부하 직원과의 건설적인 논의가 필요하다. 그리고 그러기 위해서는 부하 직원과 평소에 좋은 관계를 맺지 않으면 안 된다.

실수를 지적했을 때, 그 실수 자체가 문제임을 아는 부하 직원은 문제를 개선하기 위해 무엇을 해야 할지 냉정하게 생각한다. 그런데 상사의 지적을 인신공격으로 받아들이는 부하 직원은 정당한 지적이라도 순순히 받아들이지 못하고 반발한다.

그럴 경우 상사가 부하 직원을 감정적으로 나무라면 안 된다. 문제 해결에도 도움이 안 되고 부하 직원과의 관계만 악화될 뿐이다.

꾸짖으면 부하 직원과 심리적 거리가 멀어진다. 우리가 자주 저지르는 실수는 지식과 경험이 부족한 부하 직원을 꾸짖고 나서 지도하는 것이다. 하지만 그렇게 되면 이미 마음이 멀어져 부하 직원은 상사의 지적을 받아들이지 못한다. 특히 부하 직원이 상사의 지적이 자신의 인격을 조준한다고 느끼면 상사는 그 부하 직원을 더 이상 지도할 수 없다.

상사는 지식과 경험, 책임을 지는 범위만 다를 뿐 대등한 인간이라는 것을 부하 직원에게 설명하지 않으면 안 된다.

이런 당연한 상식을 굳이 설명해야 하는 이유는 상사가 부하 직원보다 위라고 생각하는 사람이 있기 때문이다. 직책의 차이가 인간관계의 상하를 의미하지는 않는다. 그 점을 상사가 이해하고 그것을 부하 직원에게 설명해야 한다. 그래야 반발하는 부하 직원과도, 상사가 위라고 착각하는 부하 직원과도 관계를 개선할 수 있다.

그러기 위해서는 상사가 역할의 가면을 벗어야 한다. 인간을 영어로 person(퍼슨)이라고 하는데, person은 '가면'이라는 의미의 라틴어 persona(페르소나)에서 유래했다. 가면을 벗으면 상사와 부하 직원은 개인으로서 관계를 맺을 수 있다.

직장에서는 인간성보다 능력을 우선시하지만 역할 분담을 마치면 가면을 벗은 개인으로서 관계를 맺을 수도 있다. 함께 일하고 싶은 상사와 일하면 부하 직원도 의욕적으로 일에 임할 수 있다. 그러한 생각이 드는 상사는 대개 업무적으로 유능할 뿐만 아니라 개인으로서도 존경할 부분이 많다.

불합리한 상사와 마주하기 위하여

불합리한 말을 하는 직장 상사를 어떻게 대하면 좋은지 상담을 많이 받는다. 일 자체는 싫지 않다. 보람도 느낀다. 하지만 불합리한 말을 하는 상사 때문에 회사에 가는 것이 고통스럽다. 그래서 회사를 그만두려고 하거나 마음의 균형이 무너져 휴직하는 사람도 있다.

이 문제에서는 부하 직원의 문제와 상사의 행동을 두 가지 관점에서 살펴볼 필요가 있다.

왜 상사의 안색을 살피는가

상사가 가끔 감정적으로 불합리한 말을 해 속으로는 싫어하면서도 여전히 상사의 안색을 살피는 사람이 있다. 또 뒤에서는 상사의 험담을 하다가 얼굴을 맞대면 아무 말도 하지 못하고 비위를 맞추려는 사람이 있다.

상사가 틀린 말을 했다면 반론하면 된다. 그런데 그렇게 하지 않는 이유는 상사의 눈 밖에 날까 봐 두렵기 때문이다. 눈 밖에 나면 지금 속해 있는 부서에서뿐만 아니라 회사에서도 설 곳이 사라질지 모른다. 그러다 보니 자기 보신에 급급해 결국 상사의 비위를 맞추게 된다.

종신 고용, 연공서열*이 일반적이던 시절에는 특별한 일이 없는 한 정년 때까지 한 회사에 근무할 수 있었다. 하지만 이제는 상사의 평가가 급여는 물론 근무의 지속에도 영향을 미치는 터라 상사의 안색을 살피게 된다는 이야기를 자주 듣는다.

이처럼 부하 직원이 상사의 말에 복종하는 데는 숨은 목적이 있다. 다소 불합리하다 해도 상사의 지시에 따라 일하면, 결과적으로 업무상 큰 문제가 발생했을 때 책임을 지지 않고 상사 탓으로 돌릴 수 있다.

---

* 근속 연수나 나이가 늘어 감에 따라 지위가 올라가는 일. 또는 그런 체계

그러나 상사가 지시한 일이라도 그것이 잘못되었다면 바로 잡아야 한다. 그렇게 하지 않으면 자신이 소속된 직장은 물론 사회까지 불이익을 당한다.

그럼에도 반론했다가 상사의 눈 밖에 나기 싫어 잘못을 바로잡지 않는 사람, 또 문제가 일어났을 때 상사 탓으로 돌리는 사람은 자신에게만 관심이 있는 것이다.

일이 잘못되었을 때 상사의 존재는 구실로 삼기에 편리하다. 자기가 실수하고도 상사가 불합리한 말을 해서 그렇다고 둘러댈 수 있기 때문이다.

상사는 왜 불합리한 말을 하는가

상사에게도 문제가 있다. 부하 직원이 업무상 중대한 실수를 저질렀을 때, 상사가 꼭 그 문제만으로 화를 내는 것은 아니다.

물론 부하 직원이 뭔가 실수하자마자 상사가 화를 내면 부하 직원이 실수해서 꾸짖는 것처럼 보인다. 하지만 이런 경우에도 상사가 늘 똑같이 대응한다고는 볼 수 없다. 상사는 부하 직원이 실수했을 때, 어떻게 대처할지 즉석에서 결정한다. 상사는 그렇게 함으로써 목적을 달성하려는 것이다.

부하 직원의 실수는 상사가 꾸짖는 계기가 되기는 한다. 꾸짖으면 이후 부하 직원이 실수를 저지르지 않을 것이라고 믿는 상사도 분명 있다(이 목적으로 꾸짖어 봤자 효과가 없음을 앞에서 살펴보았다). 하지만 꾸짖는 목적이 그것만은 아니다.

평소대로 말하면 부하 직원이 자신의 말을 듣지 않거나 경멸하고 인정해 주지 않을 것이기 때문에 호되게 꾸짖어야 한다고 생각하는 사람도 종종 있다.

꾸짖는 상사의 굴절된 인정 욕구

상사가 부하 직원에게 인정받고 싶어 하는 것이 바로 인정 욕구다. 많은 사람이 인정 욕구을 갖고 있다. 하지만 거기에 연연하는 것은 문제가 있다.

상사는 물론이고 부하 직원 중에도 인정받기를 원하는 사람이 많다. 하지만 인정받기 원하는 사람은 아무리 인정받아도 만족하지 못한다.

또 인정 욕구가 있는 사람은 자신의 일이 가치 있음을 스스로 인정하지 못한다. 그래서 자신의 가치를 타자에게 인정받기 원하고, 그로 말미암아 자신을 인정하는 타자에게 의존하게 된다.

이런 의미에서 상사도 부하 직원에게 인정받기를 원한다. 하지만 이런 것을 아주 기묘한 일이라고 생각하는 사람도 있을 것이다. 그러면 왜 부하 직원에게 인정받으려 하는지 생각해 보자.

일을 수행한다는 관점에서만 생각하면 말로 지시해도 별문제 없다. 가령 부하 직원이 실패해도 그 책임을 부하 직원과 함께 지면 그만이다. 거기에 분노의 감정을 끼워 넣는 이유는 상사가 불합리한 분노를 폭발시켜서라도 부하 직원에게 인정받기를 원하기 때문이다. 그 방식이 불합리하고, 상사의 의도와 반대 결과가 나오더라도 말이다.

이유는 단순하다. 불합리하게 꾸짖는 이유는 자신이 능력 없다는 사실을 알고 있기 때문이다. 정말로 유능한 상사는 부하 직원을 꾸짖지 않는다. 능력 없는 자신의 말을 부하 직원이 듣지 않는다고 생각하기 때문에, 그리고 평소대로 말하면 부하 직원이 경멸하리라 여기기 때문에 꾸짖는 것이다.

세상에 강요할 수 없는 것이 두 가지 있다. 바로 사랑과 존경이다. "나를 사랑하라"라든가, "나를 존경하라"고 외쳐 봤자 사랑하고 존경할 만하지 않은 사람이라면 불가능하다.

정말로 우수한 사람은 자신의 우수함을 과시하지 않는다. 아들러는 "무슨 일이든 증명해야 할 때는 행동을 과장하게 된다"고 말했다(『아이의 교육』). 능력 있는 상사인지는 굳이 증명하지 않아도 알 수 있다.

능력 없는 상사는 일과 무관하게 부하 직원을 꾸짖고 그들이 의기소침해 하는 모습을 보면서 우월감에 젖는다. 용감하게 맞서는 부하 직원이 있으면 그를 억누름으로써 자신이 우위에 있음을 과시한다.

'전장'에서 싸우는 무능한 상사

유능해지려면 지식을 얻고 경험을 쌓는 등 건설적인 노력을 하는 수밖에 없다. 하지만 그래도 자신이 우위에 서지 못했다고 생각하는 상사는 부하 직원을 본래의 일터가 아닌 '전장'으로 불러내 닦아세운다. 그렇게 함으로써 부하 직원의 가치를 폄하하고 상대적으로 자신의 가치를 높이려 한다.

아들러는 이러한 상사의 태도를 '가치 감소 경향'이라 불렀다. 괴롭힘이나 차별도 마찬가지다. 자신보다 약한 사람을 타깃으로 하여 상대적으로 자신의 가치를 높이려는 행동이다.

자신이 우월하다고 생각하며 그렇게 행동하는 것을 아들러는 '우월 콤플렉스'라고 했다. 이는 명확하게 열등감의 또 다른 얼굴이다. 열등감이 있는 상사는 자신의 무능함을 부하 직원이 알게 해서는 안 된다고 생각한다. 그래서 부하 직원을 꾸짖음으로써 자신의 권위를 지키려 한다. 하지만 본래 상사에겐 권위가 필요 없다. 권위에 호소하지 않아도 유능한 상사는 부하 직원이 자신을 존경한다는 사실을 알고 있기 때문이다.

권위적인 리더는 부하에게 존경받지 못한다. 설령 부하 직원이 복종하는 것처럼 보여도 그것은 두려워서지 존경해서가 아니다. 하지만 능력 없는 상사는 그런 사실조차 모른다.

좀 더 말하자면 무능한 상사는 부하 직원이 자기보다 유능해지고 자립할까 봐 두려워한다. 상사의 판단을 기다리지 않고 스스로 판단해서 일하면 자신의 지위가 위태로워진다고 생각하기 때문이다.

하지만 유능한 상사라면 부하 직원이 스스로 판단해서 일하고 머지않아 자신을 뛰어넘더라도 기쁘게 받아들일 것이다. 왜냐하면 자신의 지도가 탁월해서 부하 직원의 실력이 일취월장한 것임을 알기 때문이다. 그런 상사는 자부심을 가져도 된다.

또한 이런 상사는 부하 직원을 똑바로 가르치면 꾸짖지 않아도 된다는 사실을 알고 있다. 실패했을 때도 꾸짖을 필요 없이 앞에서 설명한 방식대로 적절한 방법으로 책임지게 하면 된다. 그런데도 말로 가르칠 수 없다고 생각하는 상사라면, 부하 직원을 조금도 존경하지 않는 것이 분명하다.

권위적인 상사는 젊은 시절에 상사에게 꾸지람 들은 덕분에 지금의 자신이 있는 것이라고 말한다. 하지만 그들은 상사에게 꾸지람 들었기 때문에 실력이 향상된 것이 아니라 상사에게 꾸지람 들었음에도 실력이 늘었다고 말해야 옳다. 그들 동료 중에는 그런 상사 밑에서 견디지 못하고 퇴사한 사람들도 있을 것이다.

상사의 인정 욕구에 부응할 필요는 없다

상사에게 호되게 꾸지람 들었다고 해서 풀 죽거나 상사의 태도에 분노를 느낀다면, 어느 쪽이든 상사의 의도대로 되는 것이다. 상사는 풀 죽은 부하 직원을 보고 우월감을 느낀다. 또 자신을 거스르는 부하 직원과 치열하게 싸워 승리함으로써 자신의 힘을 부하 직원에게 인정받으려고 한다.

이런 상사에게 부하 직원은 무엇을 할 수 있을까? 상사는 평소대로 하면 부하 직원에게 인정받지 못한다고 생각할 것이므로, 부하 직원은 평소대로 행동하면 된다.

아들러는 모든 인간관계는 대등한 수평 관계여야 한다고 생각했다. 부하 직원을 꾸짖는 상사는 물론, 상사를 두려워하는 사람도 상사와 부하 직원이 분명 수직 혹은 상하 관계라고 믿는다. 그래서 그 관계가 무너질까 봐 두려워한다.

수직이 아니라 대등한 수평 관계를 맺는다는 말을 머리로는 이해해도 실제로 어떻게 해야 할지 모르는 사람이 많다. 부하 직원을 수직 관계가 아닌 수평 관계로 대하라고 권해도 많은 상사가 그렇게 하면 행여나 기득권을 잃을까 두려워하고, 부하 직원에게 무시당할 거라 생각한다.

대등하고 수평적인 인간관계를 맺어야 한다고 말하면 직장에서는 상사, 가정에서는 아버지, 남녀 관계에서는 남성이 강하게 저항한다.

상사와 대등한 관계를 맺는다

상사의 생각이 어떠하든 부하 직원은 평소대로 행동함으로써 수평 관계를 맺으면 된다. 이것은 상사를 존경하지 않는다든가, 함부로 혹은 반말을 해도 된다는 의미가 아니다. 동료를 대할 때처럼 행동하면 된다는 뜻이다. 설령 상사가 감정적으로 몰아세워도 이 상사는 그렇게 해야만 인정받을 수 있다고 착각하는 거라고 여기면 겁낼 필요가 없다.

부하 직원이 이렇게 생각하고 평소대로 대하면 상사는 그 부하 직원 앞에서는 평소대로 행동해도 되는구나, 있는 그대로의 나도 인정받을 수 있구나 하며 깨달아 차츰 부하 직원에게 불합리하고 위압적인 태도를 보이지 않을 것이다.

이미 살펴본 바와 같이 부하 직원도 종종 상사에게 인정받으려고 한다. 이렇게 상사도 평소대로 행동했다가는 인정받을 수 없다고 생각해 불합리한 태도로 나오기도 한다. 이런 경우 부하 직원은 상사의 그런 태도에 응해서는 안 된다.

상사의 생각이 틀렸다고 판단되면 반론을 제기해야 한다. 제대로 된 상사라면 부하 직원의 지적을 받아들이고 잘못을 바로잡겠지만, 감정적으로 반발하는 상사도 있을 것이다. 그렇더라도 그 분노는 상사 본인이 처리해야 할 감정이다. 따라서 반론했을 때 상사가 화를 내도 그 상사의 '감정'에 반응해서는 안 된다.

'누가' 말하느냐가 아닌 '무엇'을 말하느냐에 주목한다

좀 더 말하자면 '누가' 말하느냐가 아니라 '무엇을' 말하느냐에만 주목하자. 상사든 동료든 부하 직원이든 만약 틀린 말을 하면 누구라도 반론을 제기해야 한다. 하지만 말하는 내용에 반론을 제기해야지 인격을 공격하면 안 된다.

자신을 억누르고 상사에게 맞추는 것은 일과 아무런 관련이 없다. 부하 직원에게 인정받으려는 상사에게도 굳이 아부하거나 비위를 맞출 필요가 없다. 그렇게 해서 상사의 인정 욕구를 채워 주려 하지 말고 아예 인정받지 않아도 된다고 느끼도록 대응하면 된다.

공헌감은 어디까지나 자기 스스로 느끼고 얻는 것이다. 타자의 평가나 인정은 필요 없다. 따라서 공헌감을 느낄 수 있으면 인정 욕구는 사라진다.

상사는 부하 직원과 함께 일을 잘 해내고 리더로서의 책임을 다하면 공헌감을 느낄 수 있다. 따라서 상사가 할 일은 자신의 일을 제대로 해내는 것이다.

언젠가 역 창구에서 아주 복잡한 경로의 차표를 산 적이 있다. 전부 지정석이었고, 갈 때와 올 때의 승강역이 다른 데다 여러 번 환승해야 했다. 나를 상대한 철도 직원은 내 설명을 딱 한 번 듣더니 더 묻지도 않고 몇십 초 후에 차표를 발급했다.

몇 번이나 말했는데도 혹시 처음에 한 말을 듣지 않은 것 아닌가 의심이 들었던 직원을 여러 번 만났던지라 깜짝 놀랐다. 그때 옆에 있던 수습인 듯한 젊은 직원이 선배가 일 처리하는 모습을 보고 나와 마찬가지로 놀라서 "대단해요."라고 감탄사를 내뱉었다. 그러자 선배 직원이 한마디 했다. "프로니까."

자기 일을 제대로 하고, 부하 직원에게도 일을 제대로 가르치는 상사는 공헌감을 느낄 수 있다. 공헌감을 느끼면 굴절된 인정 욕구에서 자유로워진다. 그렇게 되면 불합리하게 분노를 폭발시키는 버릇도 사라질 것이다.

안색을 살피지 말고 일하자

직장에서는 일하고 성과를 내는 것이 선결 과제다. 타자에게 인정받으려 하고, 타자의 기대에 부응하는 데 지나치게 마음을 쓰면 일하는 것이 고역스럽다. 성과를 내기 위해서는 당연히 동료들과 협력해야 하지만, 일 이외에는 에너지를 과하게 쓰지 않는 것이 좋다. 일에 열중해서 목표를 달성하면 공헌감을 느끼게 되고 인정 욕구에서도 자유로워질 수 있다.

상사가 부하 직원을 늘 자기 지배하에 두려고 하면 그 부하 직원은 상사의 안색을 살피며 상사가 지시한 일만 하고, 실패하지 않을 일만 하려고 한다. 그렇게 되면 부하 직원은 창조성을 발휘하거나 솔선해서 뭔가 새로운 일을 시작하려는 생각을 하지 않게 된다.

일을 거절할 때

거절을 못 하는 사람이 있다. 거절함으로써 생기는 마찰을 두려워하기 때문이다. 이런 사람은 마찰이 생길 바에야 받아들이는 편이 낫다고 생각해 모든 요청을 받아들인다. 그러면 주변 사람들에게 절대 거절하지 못하는 사람으로 낙인 찍혀 다음에도 일을 떠맡게 된다.

일을 거절하면 어떠한 형태로든 마찰이 생긴다. 그렇게 생각하면 속이 편하다. 거절할 때 상대가 기분 좋게 받아들일 거란 보장은 없다.

그렇지만 거절하지 않으면 업무량이 늘어 일찍 퇴근하려 해도 퇴근하지 못하고, 개인 시간이 점점 줄어든다. 개인 시간을 나타내는 private(프라이빗)은 라틴어 privare(프리바레)에서 유래했는데, '빼앗다'라는 의미다. 사적인 시간은 빼앗아서 쟁취해야 하는 것이다.

일뿐 아니라, 매사에 거절하려면 요령이 필요하다. 거절할 때는 이유를 말하지 않는다. 이유를 말하면 상대는 반드시 물고 늘어진다. 그러므로 "안 됩니다, 무리입니다."라고 딱 잘라 거절한다. 상대가 상사라면 힘들 수도 있겠지만.

내키지 않는 술자리도 거절하자. 상사들은 교류가 깊어질 기회라고 말할지도 모른다. 하지만 함께 일하는 사람이 꼭 친구처럼 가까운 관계일 필요는 없다. 젊은 사람들과 술자리를 함께하고 싶으면 가치 있는 자리라는 생각이 들도록 만들어야지 강요해서는 안 된다.

이왕 받아들일 거라면 마지못해서가 아니라 기분 좋게 받아들이자. 거절하는 것도, 받아들이는 것도 자신의 의사에 따라 결정할 수밖에 없다. 늘 요청을 거절하지 않았던 사람이 거절하는 것도, 반대로 늘 거절만 했던 사람이 요청을 받아들이는 것도 용기가 필요하다. 만일 그런 경우에 거절했든 받아들였든 의외로 기분이 좋았다면, 다음부터는 거부감이 줄어들 것이다.

상사가 부하 직원에게 설명해야 한다

젊은 사람이 술자리에 초대받고도 참석하지 않는다고 아쉬워하거나 이해하지 못하는 상사가 있다. 상사는 부하 직원에게 참석할 가치가 있는 술자리임을 설득해야 한다. 그런 노력을 하지 않고 "요새 젊은 친구들은 이러니저러니" 하며 떠들어서는 안 된다. 상사가 자기 자랑만 늘어놓으면 부하 직원은 점점 더 참석하지 않게 될 것이다.

술자리뿐 아니라 부하 직원에게 바라는 것이 있을 때, 상사는 왜 그것이 필요한지 납득할 수 있게 설명해야 한다. 내일까지 서류를 제출하라고 말할 때, 부하 직원은 왜 내일까지 제출해야 하는지 딱 부러지게 물어보고, 상사는 그 이유를 납득이 가게 설명해야 한다. 명령이니 무조건 따라야 한다는 발상은 요즘 시대에 통하지 않는다.

누군가가 변하면 직장이 달라진다. 그 '누군가'는 바로 당신이다.

제4장

행복하게 살려면 어떻게 일해야 할까?

제1장에서 말한 바와 같이 일을 함으로써 공헌감을 얻게 되면 자신이 가치 있다고 느낄 수 있다. 자신이 가치 있다고 느껴야 인간관계 안에 들어갈 용기가 생기고, 인간관계 안에 들어가야 행복해질 수 있다.

무릇 우리가 살면서 행복해질 수 없다면 사는 게 무슨 의미가 있을까? 이 장에서는 행복한 삶을 영위하려면 어떻게 일해야 하는지 생각해 보자.

일의 동기

무엇을 위해 일하느냐에 대해 생각할 때, 일하지 않는 자는 먹지도 말라든가 가족을 부양해야 한다는 동기만으로는 일을 계속하기 힘들 것이다. 그러한 동기도 물론 중요하다. 그런데 본인의 의사와 상관없이 일할 수밖에 없는 경우도 있다. 이 또한 일에 대한 동기부여로는 약하다. 일이 자기에게 어떤 의미인지가 중요하다.

앞에서도 본 바와 같이 일은 아들러가 말하는 인생의 과제 중 하나에 불과하다. 일에만 빠져 사는 사람은 아들러의 표현을 빌리면 '인생의 조화'가 결여된 사람이다.

인생의 과제 중 하나에 몰두해, 그것을 다른 과제를 소홀히 하는 구실로 삼아서는 안 된다. 세 가지 과제가 조화를 이루는 것이 중요하다. 그러나 조화라는 것은 일, 교우, 사랑의 과제를 단순히 시간적, 혹은 공간적으로 균형 맞추는 것은 아니다.

인생의 조화

어떤 일 중독자는 할 일이 꽉 차 있어서, 이것도 저것도 못하겠다고 주변 사람들에게 말하고 다니며, 스스로도 그런 현상을 어쩔 수 없다고 여긴다. 말하자면 그의 인생은 '일의 과제'만이 도드라진 삶이다.

아들러는 이런 경우를 '인생의 조화'가 결여되어 있는 상태라고 말하며, 인생의 어떤 과제도 다른 과제보다 중요하지는 않다고 했다(『삶의 과학』).

　일 중독자는 일을 최우선으로 여기느라 다른 것을 희생한다. 그런 사람은 일하느라 바빠서 다른 것은 아무것도 하지 못한다고 한다. 하지만 실제로는 그렇지 않다. 다른 것을 하지 않으려고 일에 중독된 삶을 택한 것이다. 그들에게는 일이 다른 인생의 과제를 소홀히 하는 면죄부가 된다.

　그러면 일로 도망치지 않고 다른 사람과 관계를 맺기만 하면 될까? 그렇지 않다. 사랑이 전부라고 부르짖는 사람이 있다. 두 사람의 사랑만 있으면 족하다면서, 일도 적당히 하고 교우 관계도 소홀히 한다. 그 결과 두 사람의 인연은 끈끈할지 몰라도 친구를 잃고 고립된다.

　일 중독자나 연애 지상주의자는 일 혹은 연애라는, 자신에게 가장 중요한 목표를 달성하는 데 직접적인 도움이 되지 않는 것을 배제하려고 한다. 일과 연애가 궁극적인 목표가 되어 다른 인생 목표를 배제하려는 것이다.

우선 하나의 과제에 몰입한다

아들러는 인생의 조화를 이루는 것이 얼마나 중요한지 설파했다. 하지만 필요하다면 한 과제에 우선적으로 몰입해야 한다고 말했다. 그것을 철학자를 예로 들어 다음과 같이 설명했다.

만약 철학자가 일을 성취하기를 바란다면 늘 다른 사람과 점심 식사나 저녁 식사를 해서는 안 된다. 그도 그럴 것이 자신의 생각을 정리하고 올바른 방법을 구사하기 위해 오랜 시간 혼자 있지 않으면 안 되기 때문이다. 하지만 그 후에는 다시 사회와 접촉함으로써 성장해야 한다. 그러한 접촉은 철학자가 성장하는 중요한 밑거름이 된다. (『삶의 과학』)

나는 이 글을 읽고 플라톤의 '동굴의 비유'를 떠올렸다. 어린 시절부터 손과 발, 목이 묶여 옴짝달싹 못 한 채 앞만 보고 있는 인간이 있다. 그는 머리 위에서 타오르는 횃불에 반사되어 비치는 사물의 그림자를 진짜라 믿는다. 그러던 어느 날, 묶고 있던 족쇄가 풀리고 누군가에 의해 억지로 고개를 돌린 순간 눈부시게 환한 불빛 속에서 진짜를 마주한다. 그리고 이제는 벽에 비치는 그림자를 봐도 진짜(진실재眞實在, 이데아)라고 착각하지 않는다. 이데아를 봐 버린 철학자에게는 그 진리 혹은 이상의 세계에 머무는 것이 허락되지 않는다. 다시 동굴 안으로 돌아가지 않으면 안 된다(『국가Politeia』). 하지만 진실을 본 철학자는 그것으로 만족할 것이다. 진실을 본 이상, 현실로 돌아갈 필요가 없다고 말할 수도 있다.

아들러의 말을 빌리면 철학자는 일단 다른 과제를 제쳐 두고 사색이라는 과제에 몰두해야 한다. 하지만 이데아를 본 후에는 '교우의 과제'로 되돌아가서 사회와 접촉해야 한다.

철학자에게 사색은 일종의 일이라서, 필요하다면 다른 인생의 과제를 일시적으로 미루고 우선 일의 과제에 몰두해야 한다. 학생이 시험 공부에 전념하는 것도 이와 다르지 않다.

진정한 의미에서 인생의 조화를 이루기 위해서는 일을 삶 속에 어떻게 위치시켜야 할지 반드시 생각해야 한다. 누구나 반드시 일해야 하는지, 혹은 일에 가치의 차이가 있는지, 무릇 일이란 삶에서 어떤 의미가 있는지도 생각해 봐야 한다.

상벌 교육이 경쟁을 낳는다

아이들을 보거나 어린 시절을 되돌아보면 같은 부모에게서 태어나 같은 집, 거의 같은 환경에서 자랐는데도 형제의 성격이 판이하게 다른 것을 알 수 있다.

형제의 성격이 다른 이유는 부모가 야단치거나 칭찬하며 키웠기 때문이다. 이렇게 키우면 반드시 아이들 사이에 경쟁이 생긴다. 왜냐하면 아이들은 어떻게 해서라도 부모에게 주목받으려 하기 때문이다. 그래서 처음에는 착한 아이가 되거나, 학교에서 좋은 성적을 받아 부모에게 칭찬받으려 한다.

하지만 학년이 올라갈수록 공부가 어려워지면 성적이 떨어지고, 그렇게 되면 많은 부모가 아이를 야단친다. 그런데 부모에게 칭찬받을 수 있는 착한 아이가 될 수 없다고 느낀 아이는 반대로 못된 아이가 되려고 한다. 적극적인 아이라면 문제 행동을 하고, 소극적인 아이라면 학교에 가지 않거나 신경증에 걸린다.

애초에 부모에게 주목받기를 원하는 것 자체가 큰 문제다. 아이가 부모에게 주목받기를 바라는 이유는 부모와 어른에게 가치를 인정받지 못하면 자신의 가치를 인정하지 못하기 때문이다. 아이가 야단맞지 않으려고 부모의 안색을 살피기 시작하면, 무슨 일을 할 때 야단맞을지 아닐지 혹은 칭찬받을지 아닐지가 행동 기준이 된다.

부모가 공부를 중요시하면 아이는 공부해서 부모에게 칭찬받으려고 한다. 하지만 좋은 성적을 받지 못하는 아이는 부모에게 야단맞을 짓을 해서 주목받으려고 한다.

이런 일이 직장에서도 일어난다. 상사에게 꾸지람 듣기 싫어하고 칭찬받기를 바라는 부하 직원 사이에 치열한 경쟁이 발생한다. 어린 시절부터 상벌 교육을 받고 자란 사람은 어떤 행태로든 누군가에게 인정받기 위해 다른 사람과 경쟁한다.

일에서 성과를 올리면 상사에게 칭찬받을지는 모르지만, 칭찬만 받으면 된다고 생각하게 될지도 모른다. 또 3장에서 본 것처럼 칭찬받지 못하면, 상사에게 꾸지람 들을 것을 빤히 알면서도 주목받고 싶어서 문제 행동을 일으키고 무단결근하고 실수를 연발할지도 모른다.

정신 건강을 해치는 경쟁

현재 상태를 더 좋게 만들려는 것 자체는 아무런 문제도 되지 않는다. 인간은 세 가지를 하면서 살아간다. '할 수 있는 것', '하고 싶은 것', '해야 할 것'. 단순하게 생각하면, 자신이 할 수 있는 것은 '할 수 있는 것'밖에 없으므로, 할 수 있는 것을 하면 된다.

하지만 현재 상태와 달라지기를 바라기도 한다. 병에 걸린 사람은 몸조리를 잘하고 재활에 힘씀으로써, 건강을 회복하려고 애쓴다. 완전히 회복하는 게 불가능하다면 조금이라도 나아지려 한다.

그런데 이런 노력이 일단 타자와의 경쟁이 되면 불건전하고 성가신 일이 된다. 경쟁에서 진 사람은 물론, 경쟁 안에서 사는 사람은 설령 경쟁에서 이겨도 언제 질지 모른다는 생각에 마음 편할 날이 없다. 경쟁은 정신 건강을 해치는 첫 번째 요인이다.

직장에서 경쟁하는 사람은 타자와의 경쟁에서 이기기만 하면 된다고 여긴다. 그리고 이기기 위해 수단을 가리지 않는다. 행여나 일에서 실패하면 그것을 숨기려 할지도 모른다.

나아가 일과 관련된 프로젝트를 수행하기 위해서는 협력이 필수지만, 오로지 경쟁만 해 온 사람은 협력하는 법을 모른다. 협력을 아는 사람은 필요하면 언제든 협력할 수 있지만, 그렇지 않은 사람은 불가능하다.

경쟁 원리를 근본 원리로 내세우는 한, 그 조직은 병들었다고 봐야 한다. 설령 문제 행동을 일으킨 부하 직원이 정신 차리고 반성해도 조직 내에서 경쟁을 당연시하는 한 문제를 일으키는 사람은 또 나오기 마련이다. 부하 직원들을 경쟁시키면 안 되는 이유다.

사회 전반적으로 경쟁을 당연시하는 분위기가 형성되면, 사람들은 어린 시절부터 다른 아이들과 경쟁하면서 타자를 넘어뜨려서라도 입학시험에 합격하고, 일류 회사에 들어가려 한다.

이런 경쟁은 어디에나 있다고 말하는 사람도 있겠지만, 어디에나 있다고 해서 옳은 것은 아니다.

나는 입학시험도 타자와의 경쟁이 아니라고 생각한다. 예를 들어, 모든 사람이 희망하는 대학에 들어가는 것은 아니다. 형식상 선발 시험을 치지 않으면 안 된다. 하지만 자신이 하고 싶은 것이 무엇인지 확실히 아는 사람은 시험을 타자와의 경쟁이라고 생각하지 않는다.

'경쟁의 장場'에서 내려오기

라이벌도 그 자체는 문제가 되지 않는다. 라이벌이 있으면 자극이 되므로 오히려 자기 성장에 도움이 된다. 하지만 그 라이벌과 경쟁하게 되면 이야기가 달라진다.

아들러는 지금과 다른 상태가 되기를 바라는 것을 '우월성의 추구'라고 했다. 건전한 우월성의 추구는 앞에서 병에 걸린 사람이 조금이라도 건강해지려는 것에서 볼 수 있듯이 별문제가 되지 않는다.

우월성의 추구라는 말을 들으면 '아래에서 위'를 상상하게 된다. 하지만 아들러의 의도를 바르게 표현하자면 평평한 지평선 위에서 모두가 앞을 향해 나아가는 이미지에 해당할 것이다. 자기보다 앞에서 걷는 사람도 있고 뒤에서 걷는 사람도 있다. 그런 가운데 각자 한 발 한 발 앞으로 걷는 것이 우월성의 추구다.

걷는 곳도 다르고 걷는 속도도 다르지만, 설령 누군가에게 추월당해도 지금 있는 장소에서 조금 앞으로 나아갈 수 있으면 우월성을 추구하는 것이 된다.

이것은 경쟁이 아니다. 인간관계를 경쟁으로 파악하는 한, 인간관계에서 비롯된 고민은 끝없이 계속된다.

가장 중요하다고 생각하는 것을 취한다

『대한화사전大漢和辭典』을 저술한 모로하시 데쓰지諸橋轍次(1883~1982)는 선천적으로 허약했지만 백수를 누렸다. 평론가 기다 준이치로紀田順一郎의 말에 따르면, 그는 어느 날 "선생님이 백수를 누린 비결은 뭡니까?"라는 질문을 받자마자 "의리를 저버렸기 때문이오."라고 대답했다고 한다.

이와 관련해 에도 시대(1603~1867) 란가쿠蘭學• 학자이자 의학자인 오가타 고안緖方洪庵은 인생에서 가장 중요한 시기이자 후진 양성에도 힘써야 할 때, 장군 집안의 주치의가 되라는 명을 받았다. 오가타는 '늙고 병든老後多病 몸'이라며 수차례 고사하다 어쩔 수 없이 수락했다. 하지만 그 후 심려했던 탓인지 1년도 안 돼 쉰네 살의 나이로 병사했다.

기다 준이치로는 이 두 사람을 예로 들면서 "가족의 행복을 희생하면서까지 의리를 다하지는 않는다'라는 이 당연한 말을 단언할 수 있는 사람이 나오기까지 정말 오랜 시간이 걸렸습니다."라고 말했다. 하지만 그렇게 단언할 수 있는 사람은 여전히 소수에 불과할 것이다.

미술가 시노다 도코篠田桃紅가 『103세가 되어 알게 된 것 一〇三歳になってわかったこと』이라는 책에서 "백 세는 이 세상의 치외법권"이며 백 세가 넘으면 관혼상제의 예식에 참석하지 않아도 비난하지 않는다고 쓴 글을 읽고 참 재미있다고 여겼다. 모임에 참석하는 것은 무리일 거라고 대부분 포기하므로 사전에

• 일본 에도 시대부터 메이지 시대(1868~1912) 초기에 네덜란드어를 통해 서구의 과학·기술을 연구하고 서구의 사정에 대한 지식을 얻고자 했던 학풍을 일컫는다.

참석할지 말지 묻지도 않거니와 참석하면 기뻐해 준다고 한다.

모임 당일, '나가고 싶으면 나가고 아니면 말고'라고 참석 여부를 정할 수 있으면, 설령 모임에 나가지 않아도 의리를 저버리는 게 아닐까 걱정하지 않아도 된다. 내 나이가 되면 친했던 사람이 세상을 떠나는 일이 늘어난다. 장례식에 가지 않으면 의리를 저버리는 것이 아닌가, 가지 않으면 뭐라고 생각할까 걱정하는 사람이 많은데 이상한 일이다. 고인을 기리는 마음이 어딘가로 사라지는 것도 아닌데 말이다. 고인을 기리는 일이라면 어디에 가지 않더라도 혼자서 할 수 있지 않겠는가.

물론 가고 싶으면 가면 된다. 입원한 친구를 병문안해야 할지 말지 망설이는 사람이 있었다. 과거에는 병명을 본인에게 알리지 않았는데, 요즘엔 치료하고 나서 본인에게 알려 주는 경우가 늘었다. 친구는 병명을 듣지 않은 상태였다.

"내가 가면 예사로운 병이 아니라는 걸 알게 되지 않을까?"

그 말을 듣고 나는 "문제는 당신이 병문안 가고 싶으냐 아니냐 아닐까요?"라고 대답했다. 친구의 모습을 직접 봐야 마음이 놓인다면 갈 수밖에 없다.

내가 입원했을 때, 친구가 한달음에 병문안 와서 기뻤던 기억이 난다. 내 상태를 알고 싶어서 달려와 준 것이 무엇보다 기뻤다. 아마도 "심심할 것 같아 놀아 주려고 왔어."라고 말했다면 덜 기뻤을 것이다.

늘 무엇이 가장 중요한지 판단할 필요가 있다. 나가사키에서 피폭된 작가 하야시 교코林京子가 이런 글을 썼다. 동창회에 가게 된 어느 날, 입을 옷이 없어서 가지 말아야겠다고 말했더니 전남편이 이렇게 대답했단다.

당신은 친구가 보고 싶은 거야, 옷을 보여 주고 싶은 거야? (중략)

친구가 보고 싶지. (중략)

그러면 가장 중요하다고 생각하는 것을 정해. 그리고 그렇게 하기로 정했으면 나머지 불필요한 것은 버려. (『피폭을 살며被爆を生きて』)

이것이 이후 하야시의 삶의 길잡이가 되었다. 하야시는 후쿠시마 원전 폭발 사고가 일어난 후, 약자에 대해 나 몰라라 하는 정부의 대응을 신랄하게 비판했다. 대체 무엇이 가장 중요한가? 생명 아닌가? 하야시는 이렇게 말한다.

목숨을 소중히 하지 않는다는 말은, 바꿔 말하면 목숨보다 소중한 것이 있다는 뜻이다. (『피폭을 살며』)

그러나 그런 것은 없다.

원래 이야기로 돌아가서 우리가 일할 때, 무엇이 가장 중요한지 곰곰이 생각해 봐야 한다.

가장 중요하다고 생각되는 것을 정한다

일은 다른 사람과의 경쟁이 아니다. 일을 할 때, 무엇이 가장 중요한지 안다면 다른 사람이 어떻게 할지, 또 스스로 정한 일이라면 다른 사람이 어떻게 생각할지 마음 쓸 필요가 없다. 가장 중요하다고 생각되는 것을 정한다는 건 그런 뜻이다.

예를 들어 의료 관계 일이라면 환자의 생명을 구하는 것, 회복을 돕는 것이 가장 중요한 사안이다. 기본적으로 환자의 이익을 우선해서 생각해야 한다.

입원했을 때, 밤에 소등 시간이 한참 지났는데도 잠들지 못하는 일이 자주 있었다. 원래 밤늦게까지 일하던 습관이 있어서 밤 9시에 소등하는 건 너무 이르다고 생각했지만, 그것만이 잠들지 못하는 이유는 아니었을 거다.

어쨌든 잠이 오지 않을 때, 늦은 밤까지 근무하는 간호사의 순찰 시간이 되면 나무랄까 봐 겁이 났다. 자는 척하고 그 순간을 모면하면 되겠지만 매번 그럴 수는 없었다.

어느 날, 순찰하던 간호사가 내가 깨어 있는 모습을 보고 "아

직도 안 주무세요?"라고 물었다. 결코 비난 섞인 느낌이 없어서
인지 신기하게도 이 말을 듣자 바로 잠들었다.

내가 좋아서 깨어 있는 것이 아니었으니 병원의 규칙을 들
먹이며, 어서 자라고 한소리 했다면 반발했을지도 모른다. 그런
데 그 간호사는 내 기분을 이해한다는 듯이 대했다. 병원 규칙
을 엄밀하게 적용하면 나와 같은 환자가 늦게까지 깨어 있는 것
을 묵인해서는 안 되겠지만, 규칙을 철저히 지키는 것보다 중요
한 것은 환자가 편안한 마음을 갖게 하는 것이다. 그것을 안 그
간호사는 나를 비난하지 않았다.

역시 입원했을 때, 용무가 있어 간호사실에 간 적이 있다. 그
곳에서는 많은 간호사와 의사가 너나 할 것 없이 컴퓨터에 데이
터를 입력하고 있었다. 내가 다가가도 기척을 알아차리고 눈길
주는 사람이 없었다.

정말 바빠서 알아차리지 못했을지도 모르지만, 나는 눈치를
본 것이라고 생각한다. 즉 내 기척을 알아차리고 나에게 용건을
물어보면 내 문제를 처리하느라 자신들이 하고 있던, 서둘러 처
리하지 않으면 안 되는 일이 늦어질지도 모른다고 여겼기 때문
일 것이다.

이럴 때 간호사들이 환자나 가족이 간호사실을 찾을 거라는
걸 인지하고 언제든 대응할 자세를 갖춰 주길 바란다면 욕심일
까? 그렇게 한다면 용무가 있어서 간호사실에 찾아오는 환자를

성가시게 여기지 않을 것이다. 용건은 대체로 귀찮은 것보다는 간단한 것이 많다. 대개는 바로 끝날 일이니, 누구든 솔선해서 대응해 주면 좋겠다.

그렇게 하면 설령 환자나 가족에게 고맙다는 인사를 받지 못해도 공헌감을 느낄 수 있을 것이다.

간호사실에 있는 사람이 모두 모니터를 뚫어지게 보고 있어서 나는 "실례합니다."라고 조심스레 말을 걸었다. 특정한 의사나 간호사를 부를 수도 있었으나 누구든 나서 주기를 바랐던 것이다. 하지만 즉시 나서서 대응해 주는 사람이 한 명도 없었다.

요청에 대응하는 것이 '책임'의 기본적인 의미다. 환자의 요청에 응답하는 것은 간호사와 의사의 책임이다. 그럼에도 모니터만 바라보고 모른 척하는 것은 환자의 요청에 응답하지 않는다는 의미에서 무책임한 행동이라 할 수 있다.

타자에게 어떻게 보일지 신경 쓰지 않는다

다른 사람이 어떻게 하는지 아랑곳하지 않고 지금 무엇을 하면 좋을지 판단하고 행동에 옮기다 보면, 다른 사람과 마찰을 일으킬 수 있다. 하지만 무엇이 가장 중요한지 생각하면 지금 무엇을 해야 할지 알 수 있다.

간호사와 의사는 환자와 환자 가족을 무엇보다 우선해야 하며, 설령 자신의 일을 뒤로 미루는 한이 있어도 그들의 이야기를 들어 주지 않으면 안 된다. 문제는 그럴 경우 환자와 환자 가족이 다른 직원에게도 같은 기대를 하게 돼 부담을 줄 수 있다는 것이다.

그렇게 함으로써 비판을 받을 수도 있지만, 비판하는 직원이 문제인 거다. 그 비판한 직원은 본인도 환자가 좋아할 만한 행동을 하거나, 그냥 가만히 있음으로써 환자에게 좋지 않은 인상을 주는 것 중 하나를 선택해야 한다.

내가 입원했을 때, 담당 간호사는 간호학교를 갓 졸업한 새내기였다. 그 간호사는 담당 환자가 퇴원하면 축하 편지를 써 주기로 결심했다고 말했다. 그 이야기를 들었을 때, 그리고 내가 퇴원하면서 직접 편지를 받았을 때 너무 기뻤다. 하지만 한편으로 다른 간호사에게 부담을 주지 않을까 걱정되었다. 환자로서는 편지를 써 준 간호사가 좋게 보이지만, 병동의 간호사가 전부 같은 행동을 할 수 있는 것은 아니기 때문이었다.

어느 해 여름, 본가가 태풍과 함께 몰아친 폭우로 마루 위까지 침수되었다. 나는 어린 시절부터 몇 번이나 침수를 경험했다. 그러나 최근 몇 년간은 큰 태풍이 와도 침수된 적이 없었기에 그 침수로 크게 낙담했다. 태풍은 바로 물러가지만 태풍이 남긴 피해는 오랫동안 생활을 힘들게 만들기 때문이었다.

시의 지원을 받으려면 피해 확인서를 발행받아야 해서 집을 정리하는 사이 짬을 내 시청에 갔다. 그런데 창구 직원은 신청 당일에는 확인서를 발급해 줄 수 없다고 말했다. 이 서류를 받기 위해 일까지 쉬었는데, 발급받으러 다시 와야 한다니! 나는 그건 불가능하다고 따지며 직원과 결말이 나지 않는 실랑이를 벌였다.

옆에서 그 모습을 지켜보던 젊은 직원이 "제가 어떻게든 해 보겠습니다."라고 말하곤 상사에게 담판을 하러 갔다. 그리고 잠시 후 나는 무사히 확인서를 발급받았다. 그 직원이 상사와 대체 어떤 말을 주고받았는지는 모르겠다. 아마도 지금은 원칙적인 규정만 적용시킬 상황이 아니니, 유연하게 대처해야 한다고 설득했을 것이다. 깊이 생각할 것도 없이 확인서를 한 번에 발행해 주면 시청 입장에서도 이점이 있을 테고, 나도 두 번 수고할 필요가 없으니 효율적일 것이다.

이런 것도 직장의 규칙을 생각하면 전례가 생겨 안 된다고 할지 모르지만, 때로는 특히 긴급할 때는 규칙에 너무 연연하면 안 될 것이다.

때로는 남이 어떻게 생각할지 신경 쓰지 말고 옳다고 믿는 것이 있으면 당당히 주장하고 실행하기 바란다.

실수했을 때는 어떻게 할까

신입 사원이 한 번도 실수하지 않기란 불가능하다. 그러나 그것이 일이라면 단 한 번의 실수도 용납되지 않는다. 앞에서도 언급했지만 간호사와 의사가 실수를 저지르면 환자의 생명을 앗아 갈 수도 있다.

그렇지만 단 한 번도 실수하지 않았다고 단언할 수 있는 사람이 과연 있을까? 3장에서는 실수했을 때 책임지는 방법 중에 주로 상사의 대응이라는 관점에서 살펴보았다. 여기서는 좀 더 구체적으로 실수를 저질렀을 때 어떻게 하면 좋을지, 혹은 마땅히 져야 할 책임을 지지 않는 사람이 있다면, 그 이유에 대해 생각해 보기로 하겠다.

어떤 간호사가 링거액을 착각해 다른 환자의 침대 옆에 있는 링거 거치대에 세팅하려고 한 적이 있다. 그것을 바로 눈치챈 환자가 실수를 지적해 큰 문제가 일어나지는 않았지만 의식이 없는 환자였다면 잘못된 링거액을 그대로 맞았을 것이다.

지적받은 간호사는 "미안해요"라며 가볍게 사과하고 나서 다시 제대로 세팅했다. 별일 없었으니 환자도 조용히 넘어갔다. 하지만 환자의 부인이 그 사실을 알고 격노해 원장에게 항의했다. 이미 퇴근해 집에 있던 간호사는 호출을 받고 부랴부랴 병원으로 돌아와 환자에게 다시 정식으로 사과했다.

여기서 두 가지 문제를 지적할 수 있다.

첫째, 이런 의료 과실에 대해서는 반드시 보고할 의무가 있을 터인데, 그 의무를 게을리했다. 이 사례의 경우 고의로 숨겼다고는 생각하지 않는다. 하지만 실수한 간호사와 의사가 은폐하려고 했는지도 모르고, 어쩌면 조직적 차원에서 은폐하려고 했을 수도 있다.

불상사가 생겼을 때, 기업 간부가 고개를 숙이고 사죄하는 광경을 텔레비전에서 본 적이 있다. 그들의 태도를 보면 스스로 사태를 파악하고 사죄한다기보다는 가능한 한 발각되지 않기를 바랐으나 외부에서 지적받아 울며 겨자 먹기로 사죄 회견에 내몰린 것으로 보였다.

나는 이러한 일들이 상벌 교육의 폐해라고 생각한다. 야단맞고 자란 사람은 야단맞지 않으려면 어떻게 해야 하는지만 생각한다.

앞에서도 본 것처럼 상사는 부하 직원에게 같은 실수를 하지 않으려면 어떻게 해야 하는지 확실히 가르칠 필요가 있다. 그때 상사는 감정적일 필요가 없다. 어떻게 하면 좋았을지만 가르치면 된다.

부하 직원의 실수로 피해를 입고 항의하러 온 사람에게는 상사가 부하 직원과 함께 사죄해야지 피해자 편에 서서 부하 직원을 탓하면 절대 안 된다. 앞에서도 보았듯이 부하 직원의 실수는 곧 상사의 책임이다. 이럴 때는 부하 직원을 지키는 것이 상사의 일이다. 또 상사가 자기 보신에 급급해 항의하는 상대(학교라면 부모, 회사라면 거래처) 측에 붙어 버리면 부하 직원은 설 자리를 잃고 일을 계속하지 못하는 사태가 벌어질 수도 있다.

위 사례에서는 링거를 세팅할 때 반드시 이름을 철저히 확인해 실수를 막아야 한다. 나를 담당했던 베테랑 간호사들은 링거를 세팅할 때 나에게 반드시 풀네임을 말하라고 요청했다. 베테랑일수록 이런 기본적인, 하지만 사고를 피하기 위해서는 필수적인 절차를 소홀히 하지 않는다.

아버지가 입원했을 때, 간호학교를 갓 졸업한 간호사가 링거 주사를 교체하게 되었다. 감염 예방을 위해 주사를 정기적으로 교체해야 하는데, 아버지와 같은 고령자들은 베테랑 간호사도 혈관을 찾기가 쉽지 않다.

내가 갔을 때 공교롭게도 혈관을 찾기 위해 주사기를 찌르려 하고 있었다. 마른침을 삼키며 지켜보는데, 간호사의 표정을 보니 뭔가 잘 되지 않는 모양이었다.

이윽고 그 간호사가 큰 소리로 말했다.

"죄송합니다, 실패했습니다."

아버지는 만년에 신경질이 늘어 치료 방침과 태도를 둘러싸고 의사와 크게 싸움을 벌인 적도 있어서 행여 짜증을 내지 않을까 조마조마했는데, 간호사에게 "괜찮아" 하고 큰 소리로 웃어서 안도했다.

실수는 하지 않는 게 좋지만 실수를 했을 때는 그 즉시 솔직하게, 성의를 다해 사과하는 것이 중요하다.

실패를 지나치게 두려워하지 않는다

또한 실패를 바라지 않지만 실패를 과도하게 두려워하거나 실패하고 질타당하는 것을 두려워하면 스스로 창의적으로 일에 임하지 못한다. 어떻게 하면 꾸지람 듣지 않을까에만 마음 쓰는 젊은 사람은 직장에서 큰 문제를 일으키지 않을지 모른다. 하지만 그런 사람은 창조적인 일을 하지 못한다.

아마도 조직 전체가 큰 실패를 할까 두려워해 소극적일 것이다. 그런 사람들 가운데에는 실패를 두려워하지 않는 사람이 귀중하다.

실패를 두려워하면 도전하지 않고 머뭇거리기만 한다. 실패를 두려워하는 사람은 "만약 ~하다면"을 입버릇처럼 말한다. 만약 새로운 일을 찾았더라면, 만약 아이들이 자랐더라면, 만약 이 병이 나았더라면……. 그 모든 바람이 실제로 실현되기를 바라는 것은 아니다. 가능성 속에서 사는 한, 마냥 실패할 일은 없기 때문이다.

아들러의 말을 빌리면 '만약'은 과제에서 도피하기 위한 '유일하고도 확실'한 방법이다(『인간은 왜 신경증에 걸릴까』). 성공했을 때는 배우는 것이 많지 않다. 반면 실패는 때로 치명적이라서 가능한 한 피하는 게 좋지만, 실패에서 뭔가 배울 수 있다. 그러니 실패하면 책임지겠다는 각오로 두려워하지 말고 일에 도전하자.

운이 나쁜 걸로 끝나지 않는다

어느 날 택시 기사와 이런 이야기를 나눈 적이 있다.

"손님을 태우고 이런 말을 해서 좀 그렇지만, 손님을 태우기만 하면 목적지까지 안전하게 운전하면 그만이라서 이 시간은 '일'하는 게 아니에요. 저에게 '일'하는 시간은 손님을 내려 주고 다음 손님이 탈 때까지입니다. 그때는 차를 막연히 몰면 안 됩니다. 어디에서 언제 손님을 태울지 정보를 모아야 해요. 이런 식으로 10년 동안 차를 몰았더니, 그 후의 10년이 달라졌습니다. '(길가에 사람이 없어서 손님을 많이 받지 못했으니) 오늘은 운이 나빴다'고 말하는 자세로 이 일을 해서는 안 됩니다."

손님이 줄어드는데 운만 탓하면 사태를 개선할 방법이 없다. 어떤 택시 기사는 조수석에 컴퓨터를 두고 어디에서, 몇 살가량의, 어떤 일 하는 사람을 태웠는지 등 손님에 대한 정보를 입력하고 나중에 분석하기도 한다.

직장의 참모습에 의문을 느꼈을 때

그렇다고 다니는 직장에 아무런 문제도 없는 것은 아니다. 처음에는 보이지 않던 문제가 점점 보이기 시작하고, 조금씩 사정을 알아 가면서 여러 가지 의문이 든다.

입원했을 때, 어떤 간호사에게 이런 이야기를 들은 적이 있다.

"저는 할아버지가 키우다시피 했습니다. 중학생 시절 할아버지가 입원해 병문안을 갔는데, 머리카락도 빗지 못해 산발인데다 수염도 지저분했어요. 간호사가 거기까지는 해 주지 않았던 거죠. 그래서 저는 매일 병원에 다니며 할아버지의 몸을 닦아 주었습니다."

"그게 간호사가 되려는 동기가 되었습니까?"

"네, (환자가) 인간답게 지내려면 어떻게 해야 할까 생각했습니다. 간호사도 자신이 입원해 보지 않으면 볼 수 없는 면이 많은 것 같아요."

간호하는 사람의 시점이 아니라 환자의 시점에서 병에 걸렸다는 것, 치료를 받기 위해 입원했다는 것이 어떤 의미인지 공감해야 한다. 그렇지 않으면 간호사로서 무엇을 할 수 있을지 이해하지 못한다.

이 간호사는 할아버지가 입원했을 때의 경험을 통해 환자에게 정말로 필요한 것이 무엇인지 생각하고, 현재 병원에서 시행되고 있지 않다면 자기가 간호사가 되어 할아버지에게 해 주지 못했던 것을 하자고 결심했다고 한다. 나는 그 말을 듣고 놀랐다. 이런 결심은 취직하기 전이어서 가능했을 수도 있다.

환자는 그저 치료를 받기 위해 입원한 것이 아니다. 병으로 인한 고통 등으로 입원 생활이 힘들겠지만 쾌적한 생활을 할 수 있다면 그래도 견딜 만할 것이다.

나는 입원 중에 오랫동안 목욕을 할 수 없어 병실에서 간호사가 몸을 닦아 주었다. 이 간호사는 몸을 닦는 것뿐만 아니라 양쪽 발을 탕에 담가 따뜻하게 해 주었다. 다른 사람은 누구도 족욕까지 해 주지 않았으니, 아마도 스스로 결정한 일이었을 것이다. 앞에서 본 신참 간호사가 퇴원할 때 환자에게 편지를 써 준 것과 마찬가지로, 다른 간호사들이 그것에 대해 뭐라고 말하지 않았을까 걱정되었다.

입원한 적 있는 사람은 누구나 경험했겠지만, 아무리 호출 벨을 눌러도 간호사가 좀처럼 오지 않을 때가 있다. "바로 가겠습니다"의 '바로'의 감각이 환자와 간호사 간에 차이가 있다는 생각도 들었다.

족욕을 해 주던 그 간호사는 아침에 그날의 일정을 전할 때, 시간을 말해 주었다. 예를 들어 "몸은 몇 시에 닦겠습니다"라는 식이었다. 당연히 나로서는 그 시간이 되면 간호사가 오기를 기다렸다. 그런데 약속한 시간에 못 올 때는, 병실에 직접 들러 좀 늦을 것이고, 몇 시쯤 온다고 다시 알려 주었다.

정말로 바쁠 때는 이런 것조차 할 수 없겠지만, 그렇더라도 어쩔 수 없다고 생각하지 말고, 어떻게 하면 본연의 간호를 할 수 있을지 궁리해 본다면 현실을 조금이라도 바꿀 수 있다.

목표를 바꿔도 좋다

1장에서 전직에 대해 얘기했는데, 한 번 취직했다고 해서 계속 다닐 필요는 없다. 목표를 설정해도 처음부터 모든 것을 내다볼 수는 없으니, 뜻밖의 사태가 벌어지면 그 시점에서 다시 생각하면 된다.

막다른 길에 몰렸다면 거기에서 다시 결단을 내리면 된다. 역경에 빠졌을 때나 불가능하다고 생각했을 때, 목표를 달성하려고 고집을 부리거나 반대로 목표에 도달하는 길이 막혀 있으면 이내 포기하는 사람이 있는데, 그럴 필요 없다. 목표에 도달하는 길이 막혀 있으면 다른 길을 찾으면 된다. 굳이 한 길을 고집할 필요는 없다. 목표를 바꾸지 않고 고집하는 것은 인생의 낭비다.

그런데 한 번 시작한 것은 힘들어도 끝까지 해내지 않으면 안 된다고 생각하는 사람이 많은 것 같다. 시작한 일을 완수해 내는 것은 분명 멋진 일이다. 그러나 힘든 일을 계속하는 것은 의미가 없다. 자신에게 맞지 않는다고 판단될 때 일을 그만두면 그 일이 다른 사람에게 돌아간다.

어머니가 뇌경색으로 쓰러졌을 때, 나는 매일 병상을 지켰다. 그때 어머니처럼 의식을 잃은 순간에도 살 가치가 있다고 생각할 수 있을까, 그런 순간에도 가치 있는 것은 무엇일까 끊임없이 생각했다. 당시 나는 철학을 배웠으니 돈과 인연이 없는 인생을 보낼 거라 생각했지만, 언젠가 대학교수가 되리라는 기대를 저버리지 않았다. 여전히 명예심은 가지고 있었던 것이다.

하지만 어머니를 보면서 명예심조차 의미가 없음을 깨달았다. 어머니가 돌아가시고 반년 만에 대학에 복귀했을 때, 나는 그전의 내가 아니었다. 인생의 레이스에서 요란한 소리를 내며 탈선한 것만 같았다.

진로를 바꾸려면 용기가 필요하다

어머니의 병상을 지키는 동안, 솔직히 말해 제한된 사람에게만 통하는 말로 그 제한된 사람에게만 자신의 성과를 전하는 연구자의 삶이 나에게 맞지 않는다는 결론에 도달했다. 나에게 맞지 않을 뿐이지, 연구자로서 대성한 동료도 많고 전문 분야의 벽을 뛰어넘어 누구나 알 수 있는 말로 연구 성과를 발표하는 사람도 있다. 그래서 연구자가 전문가에게만 통하는 말로 이야기를 한다는 것은 부당한 시선이라고 보는 사람도 있을 것이다.

그 후 나는 연구자로 사는 것 외에 무엇을 해야 할지 모른 채 논문을 쓰거나 대학의 비상근 강사로 일했다. 아이가 태어나자 결코 부모의 뜻대로 되지 않는 아이와 씨름하며 지냈다. 그런 나에게 친구가 개인심리학을 창시한 알프레드 아들러를 가르쳐 주었다.

친구는 나에게 아들러의 『아이의 교육』을 읽어 보라고 권했다. 나는 책을 일독하자마자 아들러의 노예가 되어 이 사람이야말로 내가 찾던 사상가라고 생각했다. 하지만 막상 아들러에 대해 연구하려니 그때까지 배운 철학 지식이 쓸모없어지는 것 같은 기분이 들었다.

어머니의 병상을 지키면서, 산다는 것의 의미는 무엇인가, 행복이란 무엇인가 깊이 생각한 끝에, 철학의 역사가 아니라 철학 자체를 배우기로 결심한 나는, 아들러의 사상이 내가 어머니의 병상에서 생각했던 것과 같은 테마를 다루고 있음을 깨달았다. 그리고 그때까지 배웠던 철학을 더 깊이 연구하면 터득한 지식이 쓸모없어지지 않을 거라 믿었다.

그 후 아들러에 관해 많은 사람이 접할 수 있는 책을 쓰거나 많은 사람 앞에서 강연할 기회를 얻으면서 젊은 시절에 느꼈던 주저함이 거짓말처럼 사라졌다.

일의 내용을 바꾼다

전직하지 않아도, 인생의 방향을 크게 전환하지 않아도 일의 내용은 달라진다. 직장에서 부서가 달라질 수도 있다. 공공 기관이라면 부서 이동으로 전직과 맞먹을 정도의 변화가 생길 수도 있다고 공무원 친구에게서 들은 적이 있다.

당연히 일에 필요한 지식을 새로 터득할 필요가 있는데, 이것을 큰 부담으로 느끼느냐, 새로운 일을 할 수 있으니 기쁨으로 느끼느냐에 따라 일에 임하는 자세가 달라진다.

혹은 그런 변화가 아니어도 일하는 스타일을 바꿀 수 있다. 나는 오랜 세월 학생을 가르쳐 왔는데, 가르칠 내용은 기본적으로 바뀌지 않아도 학생이 매년 바뀌기 때문에 같은 강의를 하기란 불가능하다.

옛날에는 몇십 년이나 같은 강의 노트를 줄줄 읽어 내려가는 선생이 분명히 있었다. 내 학생 시절 선생님 중에는 학생의 이해력을 무시한 것 아닐까 의심이 들 정도로 난해한 강의를 하는 선생도 있었지만, 거의 대부분의 선생님이 매년 같은 강의를 되풀이하지 않고 반드시 주제를 바꿨다.

학생은 선생님의 말씀을 필사적으로 받아 적었다. 선생님의 강의는 얼마 지나지 않아 잡지에 논문으로 게재되고, 나중에 한 권의 책으로 출판되었다.

10년을 하루같이 매일 같은 일을 반복할 수는 없다. 해낼 수 있는 일과 양도 늘어난다. 숙련되면 처음보다 많은 일을 해낼 수 있는데, 이는 단순히 같은 일을 반복한 결과, 즉 숙련되어서라기보다 일을 어떻게 할지 궁리한 결과라고 할 수 있다.

일이 즐겁지 않을 때

일이 즐겁지 않을 때는 무엇을 위해 일하는지 생각해 봐야 한다. 일이 즐겁지 않은 이유는 아직 자신이 하는 일이 뭔지 잘 알지 못해서, 다시 말해 일하는 데 필요한 지식과 기술 모두 충분히 터득하지 않았기 때문이다.

이 경우에는 일을 제대로 배우고 경험을 쌓지 않으면 안 된다. 일이 즐겁다고 말할 수 있으려면 일에 숙달되어야 한다. 처음부터 못 견디게 즐거운 일은 없다고 생각하는 편이 나을 것이다.

일에 숙달되더라도 그 일을 통해 어떤 식으로든 공헌감을 갖지 않으면 즐거움을 느낄 수 없다. 이미 여러 번 보았듯이 타자에게 공헌한다고 느끼고 자신이 가치 있다고 생각할 수 있어야 '무엇을 위해 일하는가?'라는 문제를 푸는 힌트를 얻을 수 있다.

일은 자신을 희생하거나 누군가를 위해서 하는 것이 아니다. 또 일의 성과를 타자에게 제공하기 위해서 하는 것도 아니다.

그렇다면 오로지 자신을 위해서, 혹은 돈을 벌기 위해서 일하는 것인가? 그것도 아니다.

공헌감의 말뜻을 이해한다고 해도 그것을 실제로 느낀 적 없는 사람은 한창 무더운 여름에 겨울의 추위를, 한창 추운 겨울에 여름의 무더위를 느끼려고 하는 것만큼이나 공헌감을 갖기 어려울 것이다. 물론 그것이 어떤 의미인지 이해할 수는 있지만 실감하기란 쉽지 않다.

의욕이 나지 않을 때

의욕이 나지 않는 사람이 많은 것 같다. 앞에서 설명했다시피 같은 일을 해도 자신만이 할 수 있는 방식을 궁리하지 않으면 머지않아 일에는 익숙해지겠지만 의욕이 나지 않을 것이다.

의욕이 나지 않는다는 말은 대개 사실이 아니다. 실제로는 지금 당장 하고 있는 일에서 도망치고 싶거나, 적극적으로 일하고 싶지 않은 사람이 둘러대는 변명일 뿐이다.

솔직히 말해 일하고 싶지 않으면 아무리 기다려도 의욕이 나지 않는다. 만약 의욕을 갖고 싶다면 궁리해야 한다.

먼저 지금까지 이 책에서 쭉 생각해 온 것을 떠올리면서 자신이 무엇을 위해 일하는지 확실히 이해해야 한다. 어떤 형태로든 타자에게 공헌한다고 느끼지 못하면 일을 지속하기 어렵다.

또한 기다려도 의욕이 나지 않는다면 의욕이 나든 나지 않든 일단 컴퓨터 앞에 앉는다. 리포트든 논문이든 써야 하는데, 하루 종일 한 줄도 못 쓸 때가 있다. 그래도 무엇이든 생각나는 것이 있으면, 설령 그것이 지금 쓰려고 하는 주제와 관계없어도 써 본다. 그러면 뜻밖에도 글이 써질 때가 있다.

때로는 그 자리에서 벗어나면 불현듯 좋은 아이디어가 생각나기도 한다. 그러니 일이 안 될 때는 잠시 다른 걸 해 보자. 그러면 다시 일하고 싶어질지도 모른다.

컴퓨터도 되도록 전원을 켜 두는 것이 좋다. 의욕이 없을 때는 시스템이 가동되기도 전에 도망치고 싶어지기 때문이다.

일에 참고하려고 읽던 책이 있으면 덮지 말고 그 상태로 엎어 놓는다. 급히 처리해야 하는 일이라면 의욕이 생기든 말든 기한 내에 해낼 수밖에 없지만, 시간 여유가 있을 때는 왠지 의욕이 나지 않는 것만 같다. 그럴 때도 스스로 정한 시간에는 컴퓨터 앞을 떠나지 않는다. 그러면 일이 조금이라도 진전될 것이다.

매너리즘에 빠진 것은 아니다

매너리즘이란 말을 자주 쓴다. 처음에는 뭘 해도 즐거웠는데, 신선한 기분이 사라지면 날마다 같은 일을 되풀이하는 것처럼 느껴진다. 눈에 띄는 성과를 올리지 못하고, 창조적인 일을 하기보다 큰 실패를 하지 않으려고 소극적으로 임하게 된다.

그럴 때 상사에게 심한 꾸짖음이라도 당하면 점점 더 일에 적극적으로 나서지 않게 된다.

그런데 이것은 매너리즘에 '빠진' 게 아니다. 실제로는 자신의 의사로 화를 내놓고 "저도 모르게 벌컥 화를 냈다"고 말하는 것처럼, 스스로 매너리즘 상태에 걸어 들어가 놓고 빠졌다고 착각하는 것뿐이다.

일에서 매너리즘에 빠졌다고 느끼는 사람은 사는 것에서도 매너리즘을 느낄지 모른다. 일할 때만 매너리즘을 느끼고 놀 때는 충실하면 좋겠지만, 그것이 쉽지 않은 모양이다. 젊은 사람이 "뭔가, 재미있는 일 없을까?"라고 말하는 것을 종종 들으니 말이다.

하루하루가 쳇바퀴 돌듯 반복될 뿐, 새로운 일이 전혀 일어나지 않는다고 생각하는 사람이 있다. 하지만 실제로는 아무 일도 일어나지 않는다기보다, 새로운 일이 일어나도 알아차리지 못하는 것뿐이다.

그렇게 되지 않으려면 사는 방식 자체를 재검토할 필요가 있다.

이 순간을 놓치지 말자

여행을 떠나면 집을 나선 그 순간부터 매일 출퇴근하면서 보던 익숙한 풍경도 다르게 보인다. 그뿐인가? 여행지에서는 풍경에 쉽게 마음을 빼앗긴다.

이러한 감정을 일상생활에서 느끼지 말란 법은 없다. 어느 날 전철 창문으로 바깥을 보니 석양이 지고 있었다. 전철 안에서 늘 아름다운 석양을 보는 것은 아니다. 날씨가 나쁜 날도 있고, 애초에 일몰 시간에 전철을 타지 않으면 볼 일조차 없다. 설령 전철을 타더라도 어느 칸에 타느냐에 따라 보일 수도 보이지 않을 수도 있다.

그렇게 몇 가지의 우연이 겹쳐 석양을 보는 행운을 얻어서 기뻤다. 그런데 전철 안의 많은 사람이 석양이 지건 말건 자고 있거나 스마트폰 화면을 뚫어져라 보고 있었다. 일상생활에서 이런 순간을 놓치지 않으면 매너리즘에 빠지지 않는다.

직장에서는 날마다 많은 사람과 만난다. 설령 몇 년 동안 거의 매일 얼굴을 보는 사람이라도 그 사람은 전날 만난 사람과 같지 않다. 나 또한 어제의 내가 아니다. "오늘 처음 이 사람과 만나는 것이다."라고 하면 많이 과장되게 들릴지도 모르지만, 그런 식으로 생각하면 과거에 그 사람과 있었던 갈등도 문제 삼을 일이 아님을 깨닫게 될 것이다.

인간은 매일 변한다. 그런 식으로 생각하면 매일 같은 일을 반복하는 건 아니다.

내일은 오늘의 연장이 아니다

오늘은 어제의 연장이 아니고, 내일 또한 오늘의 연장이 아니다. 그렇게 생각하는 사람에게는 그렇게 보인다. 여행을 떠나는 등 뭔가 특별한 일이 있으면 그날이 특별하게 느껴질지 모르지만, 실제로는 어떤 날이나 특별하다.

앞으로 40년이나 같은 생활을 해야 한다니 끔찍하다면서 자살을 시도한 젊은이가 있다. 1년 후조차 무슨 일이 일어날지 예상할 수 없는 요즘 시대에 40년 후에도 같은 생활을 할 거라고 생각한 젊은이에게는 하루하루가 전날의 연장이며 다음 날도 오늘의 연장으로 느껴졌을 것이다.

물론 내일 어떻게 될지 한 치 앞도 알 수 없으니 안심하고 살아갈 만한 인생이 아닌 것은 사실이다. 자연재해가 일어날 수도 있고, 사고가 발생할 수도 있는 등 예측할 수 없다.

내일은 무슨 일이 일어나지 않을까 두려움에 떨며 사는 삶은 행복한 삶이 아니다. 물론 우리가 사는 세상이, 아무런 변화도 없는 인생이 기다리고 있다고 생각될 만큼 평안한 것도 아니다.

젊은 사람이 인생 설계를 하는 걸 보고 놀란 적이 있다. 어떤 중학생은 어느 고등학교에 진학하고, 어느 대학에 들어가서, 어느 회사에 취직할지까지 정해 놓았다. 몇 살에 결혼할지, 아이를 몇 명 낳을지, 몇 살에 내 집을 지을지도 계획하고 있었다.

그 중학생은 앞으로의 인생을 내다볼 수 있다고 믿기에 계획하고 설계했을 것이다. 인생이 뜻대로 되지 않을 수도 있다는 생각을 전혀 해 보지 않았다는 점에서 진심으로 놀라지 않을 수 없었다.

하지만 그렇게 말하는 나 자신도 고등학생 때 연표를 작성한 적이 있다. 그 연표에는 마흔 살에 대학 조교수가 되어 있었다. 실제로는 그 나이에 나는 정신과 병원에 취직했다. 또한 젊어서 어머니와 사별한다는 것은 상상도 못한 일이었다.

제1장에서 보았던 취직하고 난생처음으로 좌절한 청년이 생각났다. 공부도 잘하고 입시에 실패한 적도 없고, 건강도 타고났고, 아마 외모도 자신 있어서 순풍에 돛을 단 듯이 만사가 순조로운 인생을 보내리라 믿었을 것이다.

그 청년은 왜 앞날이 보인다고 생각했을까? 타고난 자신감에 더해 인생에 희미한 빛밖에 비추지 않아서 그럴 수도 있다. 만약 지금 여기에 강한 빛을 비추면 한 치 앞도 보이지 않을 테니 말이다.

내일이 온다는 믿음이 흔들릴 때

어떤 의미에서 보면, 인생에서 좌절을 경험한 사람은 앞날을 내다볼 수 있다는 생각을 하지 않을 것이다. 나는 대학 입학시험에 몇 번이나 떨어졌다. 그러나 이십 대에도 중요한 시험에 몇 번 실패하자 십 대 시절과 달리 내년에 또 보면 되지, 서두를 필요 없어, 라며 여유를 부릴 수가 없었다. 이제 다시 일어설 수 없을 것 같고, 그렇다고 다른 일을 한다는 것도 엄두가 나지 않아 절망적인 기분에 빠졌다. 그런 경험을 한 사람은 인생을 내다볼 수 있다고 생각하지 않을 것이다.

병에 걸린 사람도 마찬가지다. 병에 걸리면 그때까지는 당연히 여겨 의심하지 않았던, 내일이 반드시 온다는 믿음이 흔들린다. 심근경색으로 입원했을 때 밤에 잠들지 못해서 수면유도제를 처방받았는데, 이 약을 먹으면 두 번 다시 깨어나지 못하는 것 아닐까 두려움에 떨었던 순간을 생생히 기억한다.

막 입원했을 때는 이런 식으로 부정적인 의미에서 내일이 올 거라는 믿음이 흔들렸다. 하지만 얼마 지나지 않아 적극적인 의미에서(그것이 어떤 것인지는 나중에 설명하겠다) 내일이 오지 않을지도 모른다는 사실을 받아들이게 되었다. 병에 걸려서 잘되었다는 뜻은 아니지만, 아팠기 때문에 시간에 대한 생각이 달라졌다.

영감이 아닌 인내

처음 글을 쓸 때는 아직 그림지도 형태도 없다. 그래서 무엇을
쓸지부터 생각해야 한다. 무엇을 쓸지 생각하지 않으면 시작할
수가 없다. 어느 잡지에 매월 에세이를 연재했는데, 마감 날짜가
다가오면 으레 긴장되었다.

컴퓨터를 마주 보고 앉아도 어떻게 써야 할지 도통 생각나
지 않아 책을 읽기도 하고, 방 안을 서성이기도 하고, 자리에 눕
기도 한다. 그러다 문득 이런 것을 써 보자는 생각이 들면 겨우
쓰기 시작한다. 술술 써질 때도 있지만 그렇지 않을 때도 있다.
말을 허공에서 그물로 잡는 기분이랄까.

책을 쓸 때는 매일 끈기 있게 써 내려가면 어느 날 탈고할 수
있다. 기한이 정해지면 기한에 맞춰 매일 열심히 글을 쓰지만
기한에 맞추지 못할 때도 있다.

어쨌든 시작할 때는 끝마칠 때까지 시간이 얼마나 걸릴지
예상하지 못한다. 아무리 열심히 써도 1~2주 만에 뚝딱 완성되
지는 않는다. 그러니 시작했으면 다 쓸 때까지 쉬지 않고 쓰는
수밖에 없다. 시간이 얼마나 걸릴지는 모르지만 글쓰기를 단념
하지 않는 한, 언젠가는 반드시 완성하게 된다.

시작하기는 쉽다. 하지만 완성할 때까지 매일 지속하기란 어
렵다.

철학자 모리 아리마사森有正는 이런 말을 했다.

음울한 잿빛의 나날을 견디지 않으면 안 된다. 가치 있는 일이 발효되고 결정結晶이 만들어지려면, 이런 단조로운 시간을 인내심을 발휘해 참을성 있게 보내는 수밖에 없다. (『사막을 향해砂漠を向いて』)

정열과 영감이 좋은 작품을 탄생시키는 것은 아니다. 그러한 사실을 알면 글을 완성하기 위해서는 좋든 싫든 매일 한 자, 한 자 참을성 있게 써 내려가야 한다는 걸 깨닫게 될 것이다. 책을 쓰는 작업이 영감에 사로잡혀 소재가 머릿속에서 퐁퐁 떠올라 눈 깜짝할 사이 완성되는 것이 아님을 알면, 글이 써지지 않아 괴로울 때 원고를 내동댕이치지 않고 마칠 수 있다.

릴케는 1912년 1월 어느 날, 아드리아해에 면한 두이노 성 근처에 있었다. 바깥에는 바람이 거칠게 몰아치고 태양이 은빛으로 뒤덮인 검푸른 바다를 비추던 그날, 릴케는 갑자기 사나운 바람 소리 가운데서 한 목소리를 들었다. "설령 내가 고함친들 천사들 가운데 누가 내 목소리에 귀 기울여 줄 것인가." 그 말을 듣고 방에 돌아온 릴케는 이 말과 뒤이어 탄생한 두세 줄의 시구를 적었다. 첫 번째 비가는 그날 저녁에 완성되었지만, 「두이노의 비가」는 마무리하는 데 그 후 10년 더 걸렸다.

끝나지 않는 일은 없다

번역을 하는 경우엔 처음부터 목표가 보인다. 매일 목표치를 정하고 일을 시작하면 완성할 때까지 얼마나 걸릴지, 책을 쓸 때보다는 확실히 알 수 있다. 그러나 매일 쉬지 않고 일할 수 있으면 좋겠지만, 그렇게 되지는 않으니 목표치를 달성할 수 있다고는 장담할수 없다.

강연회를 마치고 나서 사인회를 할 때가 있다. 가끔은 줄이 길게 늘어서 있는데, 그럴 때는 줄이 어디까지인지 보지 않으려고 한다. 본다고 해서 사인을 빨리 할 수 있는 것은 아니기 때문이다. 내가 사인을 해 줘야 할 사람은 많지만, 사인을 요청하는 사람에게 나는 한 사람이다. 중요한 것은 한 사람, 한 사람과 말을 주고받고 공들여 이름을 적는 것이다.

앞으로 사인을 몇 장 해야 할까에 대해선 생각하지 말고 한 장, 한 장 공들여 사인하다 보면 사인회는 반드시 끝난다. 일도 이와 마찬가지로, 순간순간 집중해서 하다 보면 반드시 마칠 수 있다.

언제부터 일에 착수하면 좋을까

"곧바로 주는 사람은 두 번 주는 것이다"라는 라틴어 속담이 있다. 이메일을 보낸 사람은 답장을 받으면 기쁘다. 그런데 곧바로 답장이 오면 답변이 빨리 와서 더 기쁘다.

나는 가능하면 미루지 말고 일하려 하지만 몸이 하나다 보니 모든 일을 동시에 할 수는 없다. 어쩔 수 없이 일에 우선순위를 둬야 하는데, 무엇을 우선할지 판단하기가 여간 어렵지 않다. 하지만 뭐부터 시작할지 몰라 망설일 바에야 무엇이든 좋으니 해 보라는 것이 내 생각이다.

급하지 않은 일이라면 언제부터 착수할지 정한다. 그렇게 날짜를 정하면 그날까지는 그 일을 전혀 생각하지 않는다.

즉, 해야 한다고 생각하긴 하지만 실제로는 하지 못할 경우, 그 일을 언제 착수할지 먼저 정한다. 그러면 괜히 초조해하거나 죄책감을 느끼지 않아도 된다.

하지만 한 번 계획을 세웠다고 반드시 지켜야 한다는 뜻은 아니다. 아무것도 하지 않으면서 뭔가 해야 한다고 고민할 바에야 언제부터 시작할지 정하고 그전까지는 고민하지 않는 것이 현명하다는 말이다.

또 앞에서 모든 일을 동시에 할 수는 없다고 했는데, 그렇다고 해서 하루 종일 혹은 장기적으로 똑같은 일을 하는 사람은 실제로 없을 것이다.

책 한 권을 끝까지 다 읽지 않으면 다음 책을 읽지 않는 사람이 있는 반면에, 많은 책을 동시에 읽는 사람도 있다. 동시에 여러 권을 읽는다고 해서 책 내용이 머릿속에서 뒤죽박죽되지는 않는다.

그와 마찬가지로 여러 가지 일을 동시에 하는 것은 그렇게 어려운 일이 아니다. 내 경우는 글을 쓸 때는 극도의 집중력이 필요해 다른 일은 아무것도 하고 싶지 않다. 다만 글을 쓰다 지치거나 막혔을 때, 다른 주제에 대해 생각하거나 글을 쓰면 뜻밖에도 원래 쓰던 글에 길이 열리는 경우가 많다.

오로지 한 가지 일에만 집중한다

집 근처에 사무실을 얻었다. 책을 둘 공간이 부족하고 취재하러 오는 사람이 늘어나면서 비좁은 서재에서는 더 이상 그들을 감당할 수 없었기 때문이다.

방을 얻은 이유는 그 때문만이 아니다. 나는 시간만 있으면 일하기 때문에 일과 쉬는 시간을 구별하기 위해, 말하자면 생활의 균형을 맞추고 싶어서이기도 했다.

하지만 노트북을 집에 들고 와서 늦게까지 계속 일했기 때문에 생활의 균형을 맞추겠다는 당초 목표는 이루지 못했다.

어쨌든 일이란 때로는 시간을 정해서 계획적으로 하는 것이 아니다. 이런 이야기가 있다.

이탈리아 문학가 스가 아쓰코須賀敦子가 말하길, 유학하고 있던 파리대학 기숙사에서 같은 방을 쓰던 독일인 철학자 카티아 만Katia Mann은 밥 먹는 것도 잊고 잠자는 것도 잊은 채 에디트 슈타인Edith Stein의 책만 읽었다고 한다. 슈타인은 에드문트 후설Edmund Husser의 조수로 일한 적도 있는 철학자였는데, 나치의 유대인 박해가 시작되자 동포를 구제하기 위해 수녀가 되기로 결심했다. 수도원에도 박해의 손길이 미치면서 네덜란드의 수도원에 몸을 숨겼으나, 결국 비밀경찰에 잡혀 아우슈비츠의 가스실에서 죽음을 맞았다.

슈타인은 유대인이면서도 기독교를 택했지만, 유대인의 피가 흘렀기 때문에 죽음을 피하지 못했다. 스가의 룸메이트였던 카티아는 슈타인의 사후에 간행된 그 "정신이 아찔해질 것 같은 두꺼운 철학서를 고개를 파묻고 탐독"했다(『베네치아의 집ヴェネツィアの宿』). 당시 스가보다 열두세 살 많았던 카티아는 마흔 살이 다가올 무렵 전쟁이 끝나자마자 근무하던 공립중학교를 그만두고 다시 대학에 들어갔다.

카티아는 이렇게 말했다.

"잠깐 동안 파리에 머물며 종교니 철학이니 하는 것과 어떻게 관계해야 하는지 알고 싶었습니다. 지금 여기서 천천히 생각해 두지 않으면 멍하게 있는 사이 인생이 지나가 버릴 것 같아 겁이 났어요."(『베네치아의 집』)

나는 학생 시절 공부하면서, 특히 석사 과정에 들어가 연구자로서의 인생을 살기 시작할 무렵부터 매주 많은 그리스어 책을 읽었다. 영어보다 긴 시간을 들여 공부한 결과, 영어보다 그리스어를 더 잘 읽을 수 있다고 생각한 적도 있었다.

두꺼운 그리스어 사전을 찾아 가면서 플라톤이나 아리스토텔레스의 저작을 읽는 동안 그리스어 교재를 더 이상 볼 필요가 없게 되었지만, 그래도 나는 카티아와 스가처럼 "멍하게 있는 사이 인생이 지나가 버릴 것 같아" 겁나서 열심히 공부했다.

그렇게 시간이 없다는 강박적인 생각에 사로잡혀 살다가 상근직으로 취직했다. 그 후 점점 더 시간이 없어져 무리하게 일하다 건강을 잃고 근무하던 정신과 병원을 그만두었다.

이러한 삶이 틀렸다고 말하는 사람도 있다. 하지만 할 수 있을 때 할 수 있는 일을 하는 것도 하나의 방법이다.

훈련의 나날

작가 쓰지 구니오辻邦生는 스스로에게 '끊임없이 쓴다'는 과제를 부과했다. 그는 1957년 10월부터 1961년 2월까지 파리에 머물렀다. 쓰지의 『파리의 수기パリの手記』에는 파리에 도착하기 전 한 달여에 걸친 항해에 관해 상세히 기록되어 있다.

스스로에게 '끊임없이 쓴다'는 과제를 부과한 것이 언제부터였는지 정확히 기억나지는 않는다. 어쨌든 피아니스트가 끊임없이 피아노를 치듯이, 나는 끊임없이 쓰지 않으면 안 된다. 과거에 나는 그렇게 생각했고 그것을 실천했다. (『파리의 수기』)

쓰지는 '메모광'으로, 한시도 글을 쓰지 않으면 살 수 없는 사람이었다고 그의 아내 쓰지 사호코辻佐保子는 『쓰지 구니오를 위하여辻邦生のために』에서 밝혔다.

발표할 기회가 있든 없든 피아니스트나 기타리스트가 매일 연습하듯이, 작가도 평소에 쓰는 훈련을 해야 한다.

하지만 끊임없이 썼던 쓰지는 음악가가 연습을 위해 악기를 연주하듯이 글 쓰는 훈련을 계속했다기보다, 릴케의 말처럼 쓰지 않으면 견딜 수 없었기 때문에 글을 쓰고 기쁨을 느꼈을 것이다.

그런 기쁨 없이 글을 계속 쓰기란 어려울 것이다.

허비한 시간

어머니의 병상을 지키는 동안, 나는 그때까지 왠지 막연히 보내리라 예상했던 인생의 궤도에서 크게 벗어났음을 깨달았다고 앞에서 말했다. 그때까지는 아무런 망설임도 없이 연습이나 강독 준비를 하기 위해 아침부터 저녁까지 매일 그리스어 사전을 찾는 생활을 했다. 하지만 그 후로는 다른 일에도 관심을 갖게 되었다. 취직하고 나서는 공부할 시간이 마땅치 않아 쉬는 날이면 번역을 했는데, 그것이 상사의 노여움을 사기도 했다.

해야 할 일이 산적해 있던 터라 당당히 시간이 없다고 생각했던 나는 "시간이 없다"가 입버릇이 되었다. 하지만 시간이 있든 없든 조금씩이라도 일을 진행시키고 있을 때는 '시간이 없다'는 생각이 들지 않을 것이다.

그 후 심근경색으로 쓰러졌다가 다행히 목숨을 건진 뒤, 하루하루를 결코 허투루 쓰면 안 된다는 생각을 갖게 되었다.

도스토옙스키의 『백치Idiot』에 나오는 사형수는 어느 날 아침 5시에, 간수의 목소리에 잠이 깼다. 그는 절차와 형식을 중요시하는 공공 기관의 행태로 보아 일주일 뒤에나 사형이 집행될 거라고 생각하고 있었다.

"무슨 일이오?"

"9시가 지나면 형을 집행한다."

그 남자는 생각했다.

'이렇게 갑작스럽게 집행하다니, 너무 심하지 않은가······.'

구급차에서 병원에 실려가 심근경색이라는 진단을 받았을 때, 내가 느낀 감정이 바로 이랬다.

사형수는 이제 남은 시간이 5분밖에 남지 않았다는 걸 알았을 때, 그 5분이 영원한 시간이자 막대한 재산처럼 느껴졌다. 그래서 이 시간을 다음과 같이 배분했다.

먼저 친구와의 이별에 2분, 마지막으로 한 번 더 자신을 생각하는 데 2분, 그리고 남은 1분은 이 세상을 떠나기 전 기념으로 주변 풍경을 바라보는 데 쓰기로 했다. 그러고 나서 사형수는 황금색으로 칠한 교회의 지붕 꼭대기가 밝은 햇살에 반짝반짝 빛나는 광경을 집요하게 바라보았다.

마침내 죽음이 임박했을 때, 그를 가장 괴롭힌 것은 끊임없이 떠오르는 다음과 같은 생각이었다.

'만약 내가 죽지 않으면 어떻게 될까! 만약 목숨을 건진다면! 그 무한한 시간! 게다가 그 무한한 시간이 완전히 내 것이라면! 그러면 나는 일분일초를 일일이 계산해서 더는 무엇 하나 잃지 않을 거야. 아니, 시간뿐 아니라 그 어떤 것도 허투루 쓰지 않을 거야!'

그런 생각 끝에 억울하고 원통한 마음에 휩싸여 어서 사형 당하고 싶다는 생각마저 들었다.

결국 이 사형은 집행되지 않았다. 무한한 시간을 얻은 그 남자는 이후 어떻게 되었을까? 시간을 일일이 계산하지 않고 많은 시간을 허비하며 보냈다. 그러나 나는 그의 말이 묘하게 현실적으로 느껴졌다.

스위스 정신과 의사인 엘리자베스 퀴블러 로스Elisabeth Kü-bler-Ross는 죽음의 심연에서 탈출해 관해기寬解期* 에 들어간 환자는 남은 시간이 얼마 없을 때, 그 순간을 더 행복하게 느낀다고 보고했다(『인생수업』). 인간은 이야기가 끝나면 사라지는 영

화나 드라마 속 인물이 아니다.

나도 퇴원 후 처음에 했던 각오는 어디론가 사라지고 얼마나 많은 시간을 허비했는지 모른다. 하지만 일일이 계산하지 않고 살 수 있어서 행복하다고 느낀 것도 사실이다.

영원한 시간이 있는 것처럼

하지만 그것은 시간을 허비하는 것이 아닐지도 모른다. 뒤에도 인용했지만 릴케는 다음과 같이 말했다.

> 그러나 여름은 반드시 옵니다. 마치 눈앞에 영원한 시간이 있는 것처럼 인내심 강한 사람에게로 조용히, 천천히.

예술 작품은 억지로 서두르면 안 되고 성숙할 때까지 품었다가 낳는 것이 전부라고 릴케는 말했다.

모리 아리마사는 릴케의 이런 말을 염두에 두고 이렇게 말했다.

• 완화 상태를 유지하고 있는 기간. 완화 도입 요법에 의해 얻어진 상태이며, 완화 유지 요법 및 일상생활의 조절로 유지된다. 일반적으로 완화 상태가 5년간 지속되면 치료되었다고 판단한다.

허둥대서는 안 된다. 릴케가 말한 것처럼 먼저 무한한 시간이 있다고 생각하고 차분히 마음을 가라앉혀야 한다. 그래야 수작 秀作이 나온다. (『일기日記』)

불교학자 스즈키 다이세쓰鈴木大拙는 만년에 신란의『교행신 증教行信証』*을 영어로 번역하는 작업에 몰두했다. 스즈키가 여 든여섯 살이었을 때 이것에 대한 이야기가 처음 나왔다. 그의 연보에 따르면, 아흔 살에 착수해 아흔한 살에 총 여섯 권의 영 역 초고를 완성했다. 스즈키는 식사 시간 이외에는 번역에만 매 진했고, 하루에 열 페이지의 목표치를 달성하지 못하면 그날을 마무리하지 않았다.

비서였던 오카무라 미호코岡村美穂子는 그런 모습을 보고 본 래의 일과 나이를 돌보지 않는 스즈키 다이세쓰 때문에 전전긍 긍하고 때로는 화를 냈다고 한다(『스즈키 다이세쓰는 누구인가?鈴 木大拙とは誰か』).

무엇이 선생을 움직이게 하는 것일까? 그 정체가 궁금했던 오카무라는 어느 날 "선생님, 본원本願이란 결국 무엇입니까?"라 고 물었다. 그러자 변명의 여지가 없는 답이 돌아왔다.

● 　정토진종(淨土眞宗) 교리의 근본을 서술한 책

"오호, 미호코 씨, 본원이 발했구려." 다이세쓰를 움직이는 본원력의 작용을 보고 오카무라는 압도되었다. 우리 안에 있고 우리를 살게 하는 힘, 그것을 다시 한 번 깨달을 수 있으면 그것이 진정한 삶의 기쁨이 되고 그것이 본원력의 작용이라고 말씀하셨다. (『스즈키 다이세쓰는 누구인가?』)

본원은 인간을 일하게 하는 원동력이다. 인간은 그 힘에 저항할 수 없다. 그 힘에 떠밀려 일하게 될 때, 그 일을 '천직'이라고 할 수 있으리라.

스즈키 또한 '마치 영원한 시간이 있는 것처럼' 번역에 몰두했을 게 틀림없다.

일을 잘했는가

릴케와 모리 아리마사는 마치 수목이 생장하는 듯한 성숙과 변용에 주목했다. 책을 읽고, 시를 쓴다는 것, 릴케의 말을 빌리면 '예술가적인 삶künstlerisch leben'에 대해 릴케는 젊은 시인 카푸스에게 보내는 편지에 다음과 같이 썼다.

그곳에서는 시간으로 잴 수 있는 것은 없기에 1년도, 10년도 잴 수 없습니다. 예술가란 계산하지도 않고 세지도 않고 나무처럼 성숙해 간다는 것입니다. 나무는 수액을 억지로 쥐어짜 내지 않습니다. 봄날 몰아치는 폭풍우 안에서도 여름이 오지 않을까 불안해 하지 않고 그저 가만히 서 있습니다. 그러나 여름은 반드시 옵니다. 마치 눈앞에 영원한 시간이 있는 것처럼 인내심 강한 사람에게로 조용히, 천천히. (『젊은 시인에게 보내는 편지』)

쓰지 구니오는 릴케의 이 말이 1957년 파리에 머무를 때, 자신을 가장 위로해 준 말이었다고 고백했다(『장미의 침묵薔薇の沈默』). 쓰지는 당시 아름다움美의 의미를 파악하지 못하고, 그 근거도 명확하지 않아서 소설을 쓸 수 없었다. 토마스 만°에 몰두하거나 날이면 날마다 프루스트°°를 읽었다.

하지만 그것은 지식을 모으거나 감각을 즐기기 위해서가 아니라, 그러한 지적 영위를 경험함으로써 나 자신이 전과 다른 나로 변용하기를 바라서였다. (『장미의 침묵』)

그런 변용이 한두 달 만에 일어날 리는 없다. 훗날 쓰지는 모리 아리마사의 영향으로 릴케를 읽었다. 그리고 소설을 습작하

° 『마의 산』 등을 쓴 독일의 소설가로, 1929년에 노벨 문학상을 수상하였다.
°° 『잃어버린 시간을 찾아서』를 쓴 프랑스의 소설가

는 대신 아름다움의 의미가 보일 때까지 기다렸다.

> 릴케를 읽는 것과 파리의 거리와 공원을 혼자 여기저기 거니는
> 것은 거의 흡사한 의미를 가졌다. (『장미의 침묵』)

그럴 때 쓰지가 읽은 것이 앞에서 인용한 릴케의 편지였다.
쓰지는 여기에서 '변용'이란 말을 썼는데, 모리 아리마사는
그에 대응하는 말로 '경험'과 '변모'를 사용했다.
모리는 노트르담 사원 뒤편에 새로 심어진 어린 보리수가 어
느새 부쩍 자랐음을 알렸다. 매일 보는 사람의 눈에는 그 성장이
조금도 보이지 않지만 부단히 성장하고 있는 것은 확실하다.
센강에 떠 있는 거룻배는 눈에 보이지 않을 정도의 속도로
유유히 거슬러 올라간다. 그리고 어느새 저 멀리 사라져 간다.

> 노트르담의 묘목은 모르는 사이 몇 배로 성장한다. 방금 전 무
> 심코 바라보았던, 천천히 거슬러 올라가던 거룻배는 어느새 시
> 야 저편으로 사라져 갔다. 그것은 나에게 실로 깊은 인상을 남
> 겼다. 그것은 아무리 봐도 질리지 않는 광경이다. 내 내부의 뭔
> 가가 거기에 호응하기 때문이다. (『여행의 하늘 아래旅の空の下で』)

모리는 '사물이 움직이는 끊임없는 시간의 작용' 혹은 '변모'
가 경험의 본질적 요소지만, 경험이 있다고 안심하면 '경험'은

'체험'이 된다고 말했다(『산다는 것과 생각하는 것生きることと考えること』). 인간은 그저 경험하기만 해서는 아무것도 배울 수 없다. 그런데도 경험했다고 안심하는 사람은 노인네처럼 같은 말을 되풀이한다.

경험은 끊임없이 변모한다. 설령 새롭고 우연한 사건으로 일어나는 변화가 아니어도 경험은 계속 변모한다. 고정화된 경향이 있는 체험과 달리 경험은 부단히 변모하며 늘 현재다(『여행의 하늘 아래』).

릴케에게 기다림이란 수목이 보이지 않는 곳으로 수액을 보내는 것과도 같았다.

쓰지에 의하면, 릴케는 이것을 프랑스의 조각가 로댕에게서 배웠다. 로댕은 사람을 만날 때마다 "안녕하세요Bonjour?"라고 인사하고, "일 잘했습니까Avez-vous bien travaillé?"라고 물었다.

로댕은 쉬지 않고 작업에 몰두했다. 릴케는 눈에 보이는 형태로 일하지는 않았다. 쓰지는 릴케에게 일한다는 것은 몽상하는 것이고, 편지를 쓰는 것, 공원을 산책하는 것, 여행하는 것, 도서관에서 독서에 침잠하는 것이라고 말했다.

당시의 쓰지도 마찬가지였으리라. 앞에서도 살펴보았듯이 쓰지는 끊임없이 쓰는 사람이었다. 그가 파리에 머물 당시 썼던 막대한 양의 일기가 남아 있다. 일기를 쓰는 것은 쓰지에게 분명 '일'이었다. 쓰지는 릴케와 같이 눈에 보이는 형태가 아닌 일에 대해서 다음과 같이 말했다.

거기에는, 말하자면 견지를 넓히거나 정보를 수집하는 그런 작업이 전혀 없었다. 있는 것이라곤 수목이 성장하는 것과 흡사한 성숙이자 변용이었다. (『장미의 침묵』)

지식은 그것만으로는 의미가 없다. 인간의 영혼에 작용해 그 사람을 변용시켜야 비로소 의미가 있다.

지식의 양을 자랑하거나, 현란한 개념어로 '이해'한 것을 늘어놔 봤자 적어도 예술 창조에 관해서는 어떤 적극적 의미도 없다. 예술가에게 필요한 것은 작품을 낳는 것이며, 그것을 가능하게 하는 창조 모체를 성숙시키는 행위뿐이다. 그리고 그것은 침묵 속에서만 가능하다. (『장미의 침묵』)

로댕은 마치 '일이 휴식'인 양 일했다. 로댕을 일하게 한 원동력은 무엇일까? 릴케는 '생명la vie'이라고 대답했다. 만물 안에 널리 퍼져 있고 만물에 환희를 주는 생명(『장미의 침묵』). la vie는 물론 '사는 것'이기도 하다. 일하는 것이 사는 것이며, 사는 것이 일하는 것이다. 이렇게 생각할 수 있는 사람에게는 눈에 보이는 형태로 일을 하느냐 마느냐가 크게 문제 되지 않을 것이다.

후세에 물려줄 최대 유물

기독교 사상가 우치무라 간조內村鑑三는 『후세에 물려줄 최대 유물後世への最大遺物』에서 "이 세상을 떠날 때, 이 지구를 사랑한 증거를 남기고 싶다. 태어났을 때보다 조금이나마 나아야 하지 않겠는가?"라고 말했다. 무엇을 남길지, 남길 수 있을지는 사람에 따라 다를 것이다.

무엇을 남길지에 대해, 우치무라는 먼저 '돈'을 들었다. 돈은 누구나 남길 수 있는 것이 아니다. 그런 의미에서 '최대' 유물은 아니지만, 돈 버는 것을 부정하지는 않았다.

"돈벌이 역시 다른 직업과 마찬가지로 어떤 사람들에게는 천직이다."

우치무라는 여기서 '천직'이라는 말을 썼다.

"돈은 자기를 위해 버는 것이 아니다. 그러니 신이 인도한 바른 길에 따라, 천지우주의 정당한 법칙에 따라 국가를 위해 부를 쓴다는 실업 정신이 우리 안에 깃들기를 바란다."

그에 따르면 돈을 버는 것은 다른 직업과 마찬가지로 어떤 사람들에게는 '천직'이다.

돈을 얕보지 않는다는 점에서, 우치무라는 당시 다른 기독교도와 선을 그었다. 단, 돈만 벌면 된다는 것이 아니라 무엇을 목적으로 돈을 버느냐에 주목했다.

그리고 이를 설명하기 위해 우치무라는 미국의 금융업자 제이슨 제이 굴드Jason Jay Gould를 예로 들었다. 굴드는 네 명의 친구를 자살로 내몬 것도 모자라, 어떤 회사는 쓰러뜨리고, 어떤 회사는 도산시켜 2천만 달러라는 막대한 돈을 벌어들였다.

그리고 그렇게 모은 돈을 몽땅 자식들에게 물려주었다. 그는 돈을 모으는 능력은 있었지만 쓰는 능력은 없었다.

우치무라는 이어서 '사업'과 '사상'을 유물로 들었다. 사업은 돈을 쓰는 것이다. 앞에서 예로 든 '돈'도 포함해 이 세 가지는 '일하는 것' 혹은 일해서 얻은 성과다. 우치무라는 이 세 가지를 후세에 남길 가치가 있는 것으로 보았다.

하지만 이것은 누구나 남길 수 있는 것이 아니라는 의미에서 '최대' 유물은 아니라고 생각했다. 그러면 '최대' 유물은 무엇인가? 우치무라는 다음과 같이 말했다.

내가 생각해 보건대, 인간이 후세에 남길 수 있는 유물로서 누구나 남길 수 있으며 이롭기만 하고 해가 없는 유물, 그것이 무엇인고 하면 용감하면서도 고상한 일생이다. (『후세에 물려줄 최대 유물』)

'용감하면서도 고상한 일생'이란 무엇인가? 지금 우리가 사는 세상은 신이 지배하는 세상이며, 실망의 세상이나 비탄의 세상이 아닌 환희의 세상이다. 이를 믿고 그 믿음을 평생 행동으로 실천하며 죽을 때 세상에 '선물'로 남기는 삶, 그것이 용감하면서도 고상한 일생이다.

하지만 우치무라가 말하는 그런 용감하고 고상한 일생이 아니어도 후대인들에게 우리가 어떻게 살았는지 전할 수는 있다. 일을 통해 뭔가 형태(돈, 사업, 사상)를 남길 수 있겠지만, 굳이 눈에 보이는 형태로 남기지 않아도 상관없다. 일하는 것 자체보다 일하는 것을 포함한 생이야말로 가치가 있으며, 일하는 것이 바로 산다는 것이라고 할 수 있으니까.

좀 더 나아가 실의에 빠진 사람도 선인先人이 어떤 식으로 과제에 맞서고 그것을 해결했는지, 또 역경에 처했을 때, 어떻게 다시 일어섰는지 알면 살아갈 의욕을 되찾을지도 모른다.

아들러는 강연에서 "용기는 전염된다"고 말했다.

하지만 동시에 '겁'도 전염된다고 말했다. 과제를 앞에 두고 기 죽는 사람은 겁쟁이다. 그러한 사람의 삶의 방식도 후세에 전해지는데, 그 또한 후대인에게 공헌하는 것이다.

영원한 삶이란

고대 로마의 철학자이자 정치가인 키케로는 고대 로마의 시인 스타티우스Publius Papinius Statius의 "다음 세대에 도움이 되도록 나무를 심자"라는 말을 인용한다(『노년에 관하여』). 오늘 씨를 뿌

리면 자신은 그 결실을 볼 수 없지만 후세에 길이 남을 유산을
남기는 것은 영원한 삶을 약속한다.

아들러는 시간은 유한하며 인생의 최후에는 반드시 죽음이
찾아오지만, 공동체에서 완전히 사라지기를 바라지 않는 사람
에게는 '전체의 행복에 공헌하는 것'이야말로 죽지 않고 영원히
사는 길이라고 말했다. 그리고 이것의 예로 아이와 일을 들었다
(『우월과 공동체 감각*Superiority and Social Interest*』).

이러한 개념을 우치무라의 말로 표현하면 '후세에 남길 유
물'이 되는데, 아들러가 아이와 일을 '전체의 행복에 공헌하는
길'의 예로 든 것에 주목하자. 아들러가 "결혼은 결국 인류를 위
한 것이다."(『개인심리학 강의』)라고 한 것은 결혼해서 아이를 낳
는 것이 공헌하는 길임을 염두에 둔 것이다.

이 책의 주제인 일하는 것도, 아들러에 따르면 "전체의 행복
에 공헌하는 길"이다. 단순히 사리사욕을 채우기 위해서만 일하
는 것은 아니다.

스타티우스도 나무를 심는 것은 '다음 세대에 도움이 되기
위해서'라고 했다. 지금 씨를 뿌려도 결코 그 결실을 보지 못할
일을 하느라 농부는 매일 바지런히 땀을 흘린다.

정말이지 농부라면 아무리 나이가 들어도 누구를 위해 심을 것
인지 물으면 주저하지 않고 이렇게 대답하리라. "영원한 삶을
사는 신들을 위하여. 신들은 내가 이것을 선조에게서 물려받을

뿐만 아니라 후세에 물려주기를 바랐다."(키케로, 『노년에 관하여』)

이리하여 나무들은 대대손손 전해진다.

죽음의 두려움에 사로잡힌 사람은 자신이 죽고 나서의 일을 생각하지 않는다. 그것은 죽음을 두려워하기 때문이라기보다, 그런 사람은 기본적으로 자기중심적인 삶을 살기 때문이다.

인생을 위한 예술

영국의 첼리스트 재클린 듀프레이Jacqueline Du Pré는 스물여덟 살 때 팔과 손가락 등의 감각에 이상을 느끼고 다발성 경화증 진단을 받았다. 이는 첼리스트에게 연주자로서의 생명이 끝났다는 선고와 다름없었다.

그녀가 남긴 에드워드 엘가Edward Elgar*의 첼로 협주곡(바비롤리 지휘, 런던교향악단)은 기교만으로 칠 수 있는 곡이 아니라서, 듀프레이가 나이 들어 원숙미가 더해졌다면 어떻게 연주했을지 궁금하다.

• 영국의 작곡가. 우리에게 익숙한 〈사랑의 인사〉를 비롯해 〈수수께끼〉, 〈제론티어스의 꿈〉, 〈팔스타프〉 등을 작곡했다.

발병 후 그녀는 더 이상 첼리스트로서 활동할 수 없었다. 하지만 비운도 그녀를 쓰러뜨리지 못했다. 과거처럼 첼리스트로서는 활동하지 못했으나 타악기 연주자로서 무대에 서거나 세르게이 프로코피예프Sergei Prokofiev*의 〈피터와 늑대Petya i volk〉**의 낭독자로 활동했다.

천재 첼리스트로서 그녀의 업적은 음악사에 길이 남을 것이다. 하지만 원인도 치료법도 알 수 없는 병에 굴하지 않은 그녀의 삶 또한 후세에 남아 많은 사람의 가슴을 울리지 않을까 싶다.

그런 의미에서 듀프레이의 인생 자체가 '후세에 남길 최대 유물'이었다. '예술을 위한 예술'과 '인생을 위한 예술'이란 말이 있다. 듀프레이는 '인생을 위한 예술'을 구현했다고 말해도 좋으리라.

예술가는 자신의 일을 천직이라 믿고 그 예술 활동을 통해 누군가에게 평가받거나, 적어도 수입을 최우선 목표로 하지는 않을 것이다. 예술을 향유하는 사람은 예술가의 삶에서 배울 것이 많다.

아들러는 다음과 같이 말했다.

---

* 러시아의 작곡가이자 피아니스트, 지휘자. 그는 여러 음악 장르에 걸쳐 많은 작품을 남겼으며, 20세기 현대음악 작곡가 중 가장 중요한 위치에 있는 인물로 부각되고 있다.

** 음악 동화로, 프로코피예프가 어린이를 위해 작곡한 곡이다. 소년 피터가 오리를 잡아먹는 늑대를 잡는다는 이야기에 음악을 붙여 만들었다.

천재는 무엇보다 최고로 유용한 사람이다. 예술가라면 문화 분야에서 유용하며, 무수한 여가 시간에 빛과 가치를 준다. 그리고 이 가치는 진짜다. 단순히 공허한 빛을 발하는 것이 아니라 고도의 용기와 공동체 감각적 직감에 의존한다. (『인간은 왜 신경증에 걸릴까?』)

영국의 정신과의사 로널드 데이비드 랭Ronald David Laing은 자서전에서 듀프레이를 언급했다.

듀프레이는 발병하고 1년 후 양팔의 공동 작업 능력을 영구히 잃은 듯했다.

그런데 어느 날 잠에서 깨자 기적적으로 양팔 모두 쓸 수 있게 되었다. 이러한 상태는 나흘간 계속되었고, 그사이 몇 곡인가 기념할 만한 녹음 연주를 해냈다. 오랫동안 첼로 연습을 하지 않았음에도 말이다(『랭 나의 반생Wisdom, Madness and Folly』).

랭은 기질성 손괴는 원래 상태까지 회복할 수 없다는 생각의 반증으로 듀프레이의 사례를 들었는데, 듀프레이 자신도 회복되리라 예상하지 못했던 것 같다.

어느 날 아침, 양팔의 기능이 회복되었음을 깨달았을 때도 그 상태가 며칠이나 지속될지 몰랐던 게 틀림없다. 결과적으로는 나흘간 지속되는 데 그쳤다.

그럼에도 그녀는 이 기회를 놓치지 않고 첼로를 연주해 녹음했다. 그야말로 삶에 대한 듀프레이의 자세를 극명하게 보여 준다고 할 수 있다.

그녀에게 음악은 자신을 돋보이게 하는 수단이 아니었다. 그 재능을 자신의 우수함을 과시하기 위해 쓰지도 않았다. 음악가를 천직으로 여겼던 듀프레이는 이 기적의 나흘을 후세에 남길 연주를 녹음하는 데 썼다.

그리고 듀프레이는 긴 투병 생활 끝에 마흔두 살 무렵 세상을 떠났다.

놀이로서의 일

갈매기 조나단 리빙스턴의 이야기를 그린 소설 『갈매기의 꿈』으로 일세를 풍미한 리처드 바크Richard Bach는 등장인물 중 한 명에게 "지금 정말로 하고 싶은 것을 하고 있는가?"라고 묻는다. 그리고 만약 이 질문에 아니라고 대답한 사람이 있다면, 그 사람은 왜 하고 싶은 일을 할 수 없는지 생각하지 않으면 안 된다고 말했다(『영원의 다리』).

중학생 시절 '기술가정'이라는 교과목이 있었다. 담당 선생님이 꽤 특이한 사람이었는데, 지금 생각하면 그 시대(1980년대)라서 그런 선생님이 교단에 설 수 있었던 것 같다. 그 선생님이 어느 날 학생들에게 진지한(나는 그렇다고 생각했다) 질문을 던졌다.

돈이 되는 일과 좋아하는 일 중 어느 한쪽을 선택하지 않으면 안 된다고 할 때, 어느 쪽을 선택할 거냐고. 질문을 받은 학생들은 중학생이어서 대부분 이 질문에 대해 구체적인 이미지를 떠올리지 못했을 것이다.

나는 선생님의 질문에 망설이지 않고 좋아하는 일을 선택할 거라고 말했다. 어른에게 그렇게 말하면 현실을 모른다고 타박할 줄 알았는데, 선생님도 좋아하는 일을 선택하라고 말씀하셨다. 설령 급료를 많이 받아도 좋아하지 않는 일을 하면 못 견디게 고통스럽다는 것이 이유였다.

좋아하는 일을 하면 처음에는 돈벌이가 시원치 않더라도 좋아하는 만큼 열심히 할 테니 머지않아 경제적으로도 보상을 받을지 모른다던 선생님의 말씀이 기억난다. 하지만 경제적 보상은 누구도 알 수 없다. 그래도 예술이 그러하듯 내발적인 촉발에 따라 일한다면 자세가 달라질 것이다.

내가 심근경색으로 관상동맥 우회 수술을 받았을 때, 병원 직원은 내 집도의에 대해 격무에 시달리는데도 병원을 '놀이터'로 여기는 사람 같다고 말했다. 반나절 넘는 대수술을 해내는 기량과 체력을 지닌 그 의사가 수술을 하지 않을 때는 환자와 가족, 동료들과 이야기 나누는 것을 각별히 즐기는 모습을 보면서, 그에겐 병원이 '놀이터'라던 직원의 말을 수긍할 수밖에 없었다.

이 의사는 수술 자체도 즐겼다. 물론 사람의 생명이 달린 수술이라서 즐긴다는 말이 적절하지 않을지도 모르지만, 수술이

극도의 긴장을 요하는 작업이라거나 사람을 피폐하게 만든다고
는 생각하지 않았을 것이다. 수술에 진지하게 임해야 하지만, 그
가 심각한 모습으로 집도했을 서라고는 생각하지 않는다. 따라
서 수술로 생긴 스트레스를 발산하기 위해 사람들과 대화를 즐
긴 것이 아니라, 일이든 그 외 시간이든 삶의 자세 자체가 인생
을 즐기자는 주의였던 것이리라.

그 의사에게 "지금 정말 하고 싶은 일을 하고 있습니까?"라
고 누군가 물었다면, 그는 망설이지 않고 "그렇다"고 대답했을
것이다.

아버지가 치매에 걸려서 내가 집에서 아버지를 간호할 무렵
왕진을 와 주던 의사로부터 요즘 젊은 의사들은 편한 일만 하려
한다는 이야기를 들은 적이 있다. 그는 젊은 시절에 몇 주일이
나 집에 돌아가지 못할 정도로 격무에 시달렸는데, 그런 과정을
거치면서 무엇이든 할 수 있다는 자신감이 생겼다고 말했다.

의사로서 일하는 방식은 각기 다르겠지만, 의사의 일은 환
자의 생명을 구하는 것이 선결 과제다. 따라서 자기만 생각하면
안 된다. 지금도 이 의사는 필요하면 한밤중이든 쉬는 날이든
왕진하러 달려간다. 하지만 그런 생활을 하면서도 그다지 힘들
어하지 않고 오히려 즐거워 보인다.

이 의사 또한 "지금 정말로 하고 싶은 일을 하고 있습니까?"
라고 물으면 "그렇다"고 대답할 것이다.

만약 지금 하는 일을 다른 일을 하기 위해 어쩔 수 없이, 혹은 마음에도 없는데 억지로 하는 사람은 이런 대답을 할 수 없을 것이다.

'지금'을 즐긴다

또한 '지금'을 다른 것을 준비하기 위한 시간이라고 생각하지 말아야 한다. 지금 즐겁지 않은데 억지로 일하는 것은 아무런 의미가 없다.

지금 즐길 수 있는 일이 편한 일이라는 뜻은 아니다. 자신이 가치 있다고 느끼고 그런 자신을 좋아하려면, 누군가에게 어떤 형태로든 도움이 되고 있다, 공헌하고 있다고 느낄 수 있어야 한다. 자기가 하는 일이 누군가에게 도움이 된다고 느낄 때, 자신을 좋아할 수 있고 일도 즐겁게 할 수 있는 것이다.

어디까지나 공헌감을 느끼는 것이 중요하다. 타자의 희생이 따르는 일은 즐기면서 할 수 없다. 타자에게 공헌하는 일은 희생이라는 말에서 연상되는 고되고 힘든 일이 아니다. 만일 내가 하는 일이 누군가의 기대에 부응하기 위해 선택한 것이라면 즐기면서 할 수 없을 것이다.

인생 설계를 하지 않게 되었다

심근경색으로 갓 입원했을 때는 이내로 잠들면 내일이 오지 않을 것 같아 두려웠다고 앞에서 말했다. 하지만 얼마 지나지 않아 내일을 걱정하지 않고 잠들 수 있게 되었다.

위기를 넘겨 조금 안정되자 의사나 간호사들과 이야기 나누는 것이 활력소가 되었다.

얼마 후에는 근무가 끝나거나 비번 날 병실로 찾아오는 사람도 있었다. 오래 대화를 나누는 일도 자주 있었다. 그럴 때는 내가 병에 걸렸다는 사실을 잊을 수 있었다. 병자라서 아무것도 할 수 없다고 생각했는데, 내가 해 준 말이 상대의 고민을 해결하는 실마리가 되었다고 하니 그들에게 조금이나마 도움을 준 것 같아 흐뭇했다.

병으로 쓰러진 후 모두에게 폐만 끼치고 스스로 가치 없는 존재라고 여겼는데, 그런 생각에서 벗어나자 내일 어떻게 될까 걱정하지 않게 되면서 편안한 마음으로 잠들 수 있게 되었다.

퇴원한 뒤에도 앞날을 계획하지 않았다. 병에 걸렸기 때문이 아니라, 그럴 필요를 느끼지 못했기 때문이다.

입원할 때 주치의가 나에게 "책은 쓰면 좋습니다. 그건 후세에 남을뿐더러 성취감도 느낄 수 있으니까요."라고 한 말대로, 퇴원 후에는 바깥일을 하기 힘들어 몸이 허락하는 한, 책을 쓰거나 번역을 하면서 보냈다.

어느새 여러 권의 책을 펴냈는데, 이는 한 권 한 권 공들여 쓴 결과다. 할 수 있다면 앞으로도 계속 글을 쓰고 싶다.

자신이 가치 있다고 생각할 수 있는 용기를 가져라

앞에서 자신이 가치 있다고 생각하면 인간관계 안에 들어갈 용기를 낼 수 있다고 했다. 그만큼 자신이 가치 있다고 느끼는 것은 용기가 필요한 일이다. 경쟁 사회에서 일하는 동안 결과를 내지 못하는 것은 공포나 다름없다. 설령 경쟁에서 이긴 사람도 언제 뒤처질지 모른다는 생각이 들면 손 놓고 가만히 있을 수 없다.

경쟁에서 이길 생각이 없는 사람은 처음부터 경쟁하려고 하지 않을지도 모른다. 그런 관점에서 보면 타자와의 관계를 경쟁으로 파악하는 것부터 문제다. 상벌 교육을 받은 사람은 타자와의 관계를 경쟁으로 여기는 경향이 있다.

일도, 인생도 결코 경쟁이 아님을 먼저 알아야 한다. 게다가 경쟁하지 않아도 다른 사람과 관계를 맺다 보면 마찰이 생기기 마련이다. 그런데 그로 인해 상처받을까 봐 두려워서 인간관계 안에 들어가기를 꺼리는 사람이 있다. 그런 사람은 다음과 같은 점을 알아 두기 바란다.

타자는 틈만 나면 당신을 함정에 빠뜨리려는 강한 사람이 아니다. 아들러는 이런 사람을 '적Gegenmenschen'이라 불렀다. 하지만 타자는 필요하면 당신을 도와줄 준비가 되어 있는 '친구Mitmenschen다.

'적'과 '친구'를 각각 원어대로 풀면 '인간과 인간이 대립한다', '인간과 인간이 맺어진다'는 의미다. 인간은 서로 적대하고 때로는 싸우기도 한다. 하지만 그것이 인간 본래의 모습이라고 생각하는 사람이 과연 얼마나 될까? 가끔 감정적이 되어 큰소리를 낼 때도 있지만, 그것이 일상적인 모습은 아니다.

인간은 혼자서 살 수 없다. 갓 태어났을 때처럼 타자의 도움 없이는 한시도 살기 힘든 상태에서 벗어나 성인이 될지라도, 누구의 도움도 받지 않고 혼자서 살 수 있는 사람은 없다.

타자에게 도움을 받되 도움을 필요로 하는 사람에게 나도 손을 내밀어야 한다. 타자는 그런 의미에서 친구인 셈이다. 이런 상태야말로 인간의 본래 모습이며, 타자를 친구라 간주하고 타자에게 친구로서 공헌하는 것이 아들러가 말하는 '공동체 감각'의 진정한 의미다.

일하는 것은 타자에게 공헌하는 가장 확실한 방법이다. 하지만 이 책에서 살펴본 바와 같이 이 공헌은 반드시 행위에 의해서만 이루어지는 것이 아니다. 지금은 일한다 해도 언제까지나 일할 수 있는 것은 아니다. 병에 걸리거나 나이가 들면서 일하지 못할 수도 있다. 그럴 때도 인간은 존재함으로써 타자에게 공헌할 수 있다.

한편 지금 당장 일할 수 있는 사람은 전력을 다해 일하자. 언젠가 자신도 보살핌을 받게 될 거라면서 친부모도 아닌데 근방에 사는 할머니를 보살피는 남성의 이야기를 들은 적이 있다. 언젠가 자신도 누군가에게 신세를 져야 할 처지가 될 수 있으니 미리 보살피겠다는 생각은 좀 아니다 싶지만, 일할 수 있을 때 일하자며 점심 만들기에 참여하지 않은 사람을 탓하지 않았던 데이케어 센터의 사례처럼 분업을 해서(여기에는 아무 일도 하지 않는 분업도 포함된다) 일할 수 있는 사람만 일하게 되면 지금보다 살기 좋은 사회가 될 것이다.

맺음말

심근경색으로 쓰러지고 아버지를 보살피느라 꽤 오랫동안 일을 하지 못했다. 그래도 최근 몇 년은 다른 그 어떤 시기보다 부지런히 일했다.

고등학교 동창회에 가자 환갑을 맞았다며 드디어 인생의 종착역에 접어들었다는 이야기가 화제에 올랐다. 정년퇴직이나 연금에 관한 이야기도 나왔다. 그런 이야기를 들으면 퇴직할 기회를 영영 놓쳐 버렸다는 생각이 든다. 어차피 평생 무위무관으로 살아 퇴직도 할 수 없는 몸이지만.

나는 일하는 것에 관해, 다른 사람과 비교해 특이한 인생을 살아왔다고 생각했다. 내가 그렇게 생각한 이유는 육아를 하고 부모를 간병하고 보살피며 살아온 내 삶을 일에 대한 세간의 일반적 기준에 비추어 생각했기 때문이다. 어느 조직에도 소속되지 않고 사는 인생이 지금은 특별히 드문 일도 아니다.

이 책에서 나는 일하는 것에 대해 좁은 의미가 아닌, 나이가 들거나 병에 걸려 일하지 못하는 경우까지 범주에 넣어서 고찰했다.

일한다는 것을 통상적인 의미에서 본다면, 일하지 못하게 될 때를 고려해 그 의미를 생각해야 할 것이다. 거기까지 시야를 넓혀 생각했을 때, 일하는 것은 산다는 것과 뜻을 같이한다. 행복해지기 위해서 사는 거라면 일하는 것도 마땅히 그래야 한다. 일함으로써 불행해진다면 그것이 설령 막대한 부를 가져다준다 해도 다시 생각하지 않으면 안 된다.

이 책이 만들어지기까지 많은 사람의 도움을 받았다. 특히 편집장 구로다 黒田俊 씨, 편집 담당 나카지마 구니코中嶋邦子 씨에게 신세를 졌다. 본문에도 썼는데, 이 사람이라면 함께 일하고 싶다고 생각할 수 있는 사람과 만나 행운이었다. 진심으로 고마운 마음을 전한다.

2016년 6월
기시미 이치로

참고 문헌

Adler, Alfred. *Superiority and Social Internet, A Collection of Later* Writings, Ansbacher, Heinz L. and Ansbacher, Rowena R. eds., W. W. Norton, 1979 (Original: 1964).

Adler, Alfred. *Über den nervösen Charakter: Grundzüge einer vergleichenden Individualpsychologie und Psychotherapie,* Vandenhoech & Ruprecht, 1997.

Adler, Alfred. *Adler Speaks: The Lectures of Alfred Adler*, Stone, Mark and Drescher, Karen ads., iUniverse, Inc., 2004.

Burnet, J. ed., *Platonis Opera*, 5vols., Oxford University Press, 1899-1906.

Rilke, Rainer Maria. *Duineser Elegien, Die Sonette an Orpheus*, Insel Taschenbuch, 1974.

Rilke, Rainer Maria. *Briefe an einen jungen Dichter*, Insel Verlag, 1975.

가미야 미에코(神谷美惠子). 『삶의 보람에 대하여』(홍성민 옮김, 필로소픽, 2011).

기시미 이치로(岸見一郎). 『나이든 부모를 사랑하십니까? 그래도 개호는 찾아온다(老いた親を愛せますか? それでも介護はやってくる)』.

기시미 이치로. 『늙어 갈 용기』(노만수 옮김, 에쎄, 2015).

기시미 이치로, 고가 후미타케(古賀史健) 공저. 『미움받을 용기』(전경아 옮김, 김정운 감수, 인플루엔셜, 2014).

기시미 이치로, 고가 후미타케 공저 『미움받을 용기 2』(전경아 옮김, 인플루엔셜, 2016).

기시미 이치로. 『불행의 심리 행복의 심리 - 인간은 왜 고뇌하는가?(不幸の心理 幸福の哲学 - 人はなぜ苦悩するのか)』.

기시미 이치로. 『사는 용기란 무엇인가 아들러에게 배운다(生きる勇気とは何かアドラーに学ぶ)』.

기시미 이치로. 『아들러 심리학을 읽는 밤』(박재현 옮김, 살림, 2015).

기시미 이치로. 『아들러, 용기의 심리학을 말하다』(이주 옮김, 배지수 감수, 한국경제

신문, 2015).

기시미 이치로. 『아무것도 하지 않으면 아무 일도 일어나지 않는다』(전경아 옮김, 살림, 2016).

기시미 이치로. 『오늘부터 가벼워지는 삶』(장은주 옮김, 하지현 감수, 위즈덤하우스, 2016).

기시미 이치로. 『인생이 고민된다면 아들러를 읽자(人生に悩んだらアドラ-を読もう)』.

나카지마 요시미치(中島義道). 『일하기 싫은 당신을 위한 책』(박미옥 옮김, 신원문화사, 2011).

다나베 세이코(田辺聖子). 『꽃 같은 옷 벗으니 휘감기네……(花衣ぬぐやまつわる……)』.

디오게네스 라에르티오스(Diogenes Laertios). 『그리스 철학자 열전(De clarorum philosophorum vitis ect)』.

라이너 마리아 릴케(Rainer Maria Rilke). 『두이노의 비가』(손재준 옮김, 열린책들, 2014).

라이너 마리아 릴케. 『피렌체 일기(Das Florenzer Tagebuch)』.

로널드 데이비드 랭(Ronald David Laing). 『지혜, 광기, 어리석음(Wisdom, Madness and Folly)』.

리처드 바크(Richard Bach). 『영원의 다리』(상, 하) (공보경 옮김, 현문미디어, 2004).

마르쿠스 툴리우스 키케로(Marcus Tullius Cicero). 『노년에 관하여』(오흥식 옮김, 궁리, 2002).

마이스터 에크하르트(Meister Eckhart). 『에크하르트 설교집(Die Predigten)』.

모리 아리마사(森有正). 『바빌론의 흐름 곁에서(バビロンの流れのほとりにて)』.

모리 아리마사. 『사막을 향해(砂漠を向いて)』.

모리 아리마사. 『산다는 것과 생각하는 것(生きることと考えること)』.

모리 아리마사. 『어떻게 살 것인가?(いかに生きるか)』.

모리 아리마사. 『여행의 하늘 아래(旅の空の下で)』.

모리 아리마사. 『일기(日記)』.

사와키 고타로(沢木耕太郎). 『246』.

세리자와 고지로(芹沢光治良). 『인간의 운명(人間の運命)』.

스가 아쓰코(須賀敦子). 『베네치아의 집(ヴェネツィアの宿)』.

시노다 도코(篠田桃紅), 『103세가 되어 알게 된 것(一○三歳になってわかったこと)』.

쓰루미 슌스케(鶴見俊輔), 세토우치 자쿠초(瀨戸内寂聴), 도널드 킨(Donald Keene), 『동시대를 살며(同時代を生きて)』.

쓰지 구니오(辻邦生), 『장미의 침묵(薔薇の沈默)』.

쓰지 구니오, 『파리의 수기 Ⅰ~Ⅴ(パリの手記 Ⅰ~Ⅴ)』.

쓰지 사호코(辻佐保子), 『쓰지 구니오를 위해(辻邦生のために)』.

알프레드 아들러(Alfred Adler), 『개인심리학의 이론과 실제(The Practice and Theory of Individual Psychology)』.

알프레드 아들러, 『삶의 과학(The Science of Living)』(정명진 옮김, 부글북스, 2014).

알프레드 아들러, 『심리학이란 무엇인가(What life should mean to you)』(알프레드 아들러, 김문성 옮김, 스타북스).

알프레드 아들러, 『아들러 삶의 의미(Der Sinn des Lebens)』(최호영 옮김, 을유문화사, 2019).

알프레드 아들러, 『아들러의 인간이해(Menschenkenntnis)』(홍혜경 옮김, 을유문화사, 2016).

알프레드 아들러, 『아이의 교육(The Education of Children)』.

알프레드 아들러, 『왜 신경증에 걸릴까(Problems of Neurosis)』(박우정 옮김, 박민수 감수, 에쎄, 2015).

에리히 프롬(Erich Fromm), 『사랑의 기술』(황문수 옮김, 문예출판사, 2006).

에리히 프롬, 『소유냐 존재냐』(차경아 옮김, 까치, 2007).

엘리자베스 퀴블러 로스(Elisabeth Kübler-Ross), 데이비드 케슬러(David Kessler), 『인생수업』(류시화 옮김, 이레, 2006).

오카 기요시(岡潔), 『춘소십화(春宵十話)』.

우에다 시즈테루(上田閑照)·오카무라 미호코(岡村美穂子), 『스즈키 다이세쓰는 누구인가?(鈴木大拙とは誰か)』.

우치다 다쓰루(内田樹), 『우치다 다쓰루의 대시민강좌(内田樹の大市民講座)』.

우치무라 간조(内村鑑三), 『후세에 물려줄 최대의 유물(後世への最大遺物)』.

유카와 히데키(湯川秀樹), 『유랑자 어느 물리학자의 회상(旅人 ある物理学者の回想)』.

장 기통(Jean Guitton). 『나의 철학 유언』(권유현 옮김, 동문선, 2000).

표도르 미하일로비치 도스토옙스키(Fyodor Mikhailovich Dostoevskii). 『백치(Idiot)』(상) (김근식 옮김, 열린책들, 2009).

하야시 교코(林京子). 『피폭을 살며(被爆を生きて)』.

힐러리 듀프레이, 피어스 듀프레이(Hillary Du Pré, Piers Du Pré). 『Hilary and Jackie: The True Story of Two Sisters Who Shared a Passion, a Madness and a Man』.

『성서(The Bible)』.